KB265545

하루쯤 축구여행

하루쯤 축구여행

서울에서 제주까지 축구로 여행한다

글·사진 김다니엘

북 카라반
CARAVAN

대한민국 축구여행 지도

서울·경기
고양종합운동장
부천종합운동장
서울월드컵경기장
인천축구전용경기장
서울올림픽주경기장
안산 와~ 스타디움
안양종합운동장
탄천종합운동장
수원월드컵경기장
수원종합운동장

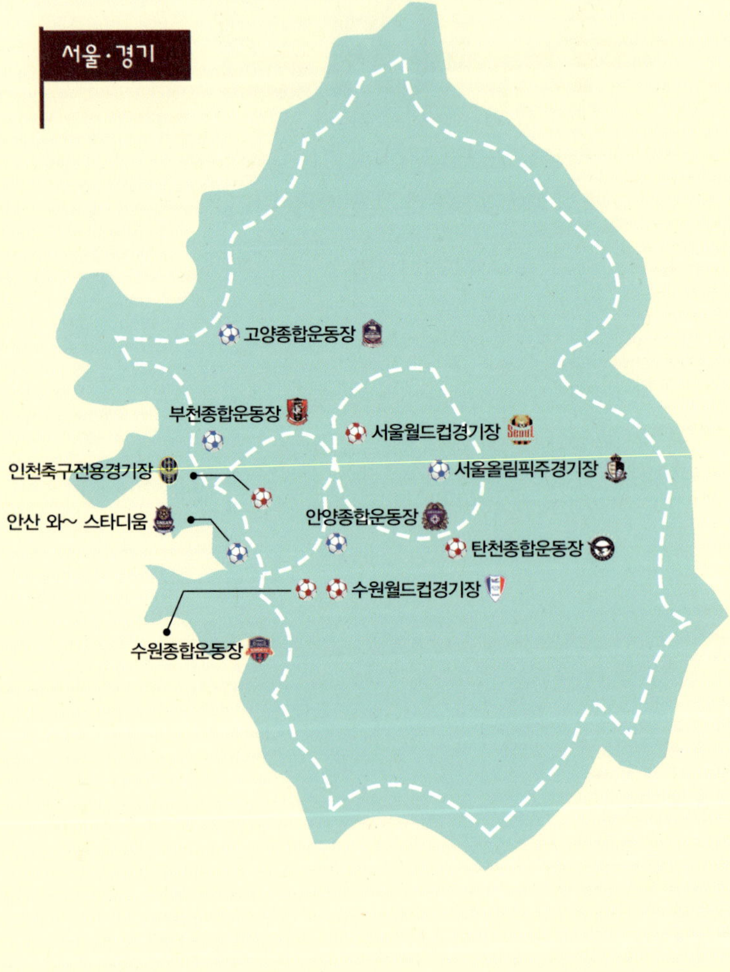

전국
강릉종합운동장
충주종합운동장
상주시민운동장
대전월드컵경기장
포항스틸야드
전주월드컵경기장
대구스타디움
창원축구센터
울산문수축구경기장
광주월드컵경기장
부산아시아드주경기장
광양축구전용구장
제주월드컵경기장
K리그 클래식
K리그 챌린지

나는 축구로 여행한다

언제부턴가 유럽 축구여행을 꿈꾸는 사람들이 참 많아졌다. 스페인 바르셀로나의 캄프 누Camp Nou, 이탈리아 밀라노의 산 시로San Siro, 잉글랜드 리버풀의 안필드Anfield, 독일 도르트문트의 베스트팔렌 슈타디온Westfalen stadion 같은 축구의 성지뿐만 아니라 프랑스, 네덜란드, 터키, 포르투갈, 스코틀랜드 등 유럽 곳곳에서 축구여행을 즐기는 이들이 제법 많아지고 있다. 그런데 축구를 테마로 하는 여행이 과연 유럽에서만 가능할까?

30년이 훌쩍 넘는 역사를 가진 프로 축구 리그가 있는 대한민국에서도 얼마든지 축구여행이 가능하다. 유럽 축구에 비하면 오로지 축구만으로 즐길 수 있는 콘텐츠가 부족한 것은 사실이지만, 경기장 주변이나 각 팀의 연고 지역으로 범위를 넓히면 대한민국에도 얼마든지 즐길 거리가 많다. 각 지역의 명소와 대표 음식, 문화 같은 것을 적절히 축구와 곁들인다면 주말여행에 최적이 아닐까? 이 책은 그런 생각에서 출발했다. 대한축구협회나 한국프로축구연맹 직원도 아니고, 구단 관계자도 아니며, 축구 기자나 칼럼니스트도 아닌 내가 써보기로 했다. 과거에 이런 책이 한 번도 나온 적이 없었기 때문이다. 한국 프로 축구는 짧지 않은 역사에도, 대중이 소비할 만한 콘텐츠를 생산해내지 못했다. 그런 연유로 평범한 축구 팬인 나 같은 사람도 이런 도전이 가능하니, 역설적이다.

일본의 J리그보다 10년, 중국의 슈퍼리그보다 20년이나 먼저 시작되었음에도 스포츠마케팅 측면에서는 두 리그에 앞서 있다고 단언할 수 없는 게 현실이다. 즐길 거리가 많지 않고, 이야깃거리가 부족하다. 리그의 흥행을 팬들이 앞장서 걱정하고 있다. 이것을 나쁘다고 볼 수는 없지만, 바람직하지도 않다. 축구 팬들은 축구를 즐기기 위해 기꺼이 돈을 쓰는 소비자인데, 손님이 상품과 서비스를 온전하게 즐기지 못하고 리그의 흥행과 마케팅을 고민하는 모습은 참 어색하다. 관중을 늘리기 위한 방안은 협회와 연맹, 구단이 해야 할 일이지 팬이 떠안을 일은 아니다.

국내에서 AFC 챔피언스리그 경기가 열릴 때면 K리그 클럽과 대결하는 일본이나 중국팀 서포터스가 한국에 몰려온다. 축구도 보고, 맛있는 것도 먹고, 명소에 방문해 '인증샷'도 남기고, 소소한 기념품도 산다. 일종의 여행을 하는 것이다. 적게는 100~200명, 많게는 3,000~4,000명이나 되는 외국인이 내한해 축구 경기를 보고, 여행까지 즐긴 후 자국으로 돌아간다. 이처럼 대한민국에서도 축구여행을 할 수 있다. 꼭 비행기를 타고 유럽에 가야만 축구여행을 즐길 수 있는 게 아니라는 이야기를 하고 싶었다.

이런 여행 방식을 스포츠 투어리즘Sports Tourism이라고 한다. 예를 들어, 올림픽이나 월드컵을 관전하거나 대표 선수들을 응원하기 위해 대회가 열리는 곳으로 원정을 떠나는 행위가 대표적인 스포츠 투어리즘이다. 마라톤이나 골프, 스키, 수상 스포츠 등을 직접 즐기는 것도 스포츠 투어리즘에 포함된다. 경기를 보거나 몸소 스포츠를 하지 않더라도 스포츠와 관련된 장소(경기장·박물관·전시관·기념관·명예의 전당 등)를 방문해 시간을 보낸다면 이 역시 스포츠 투어리즘에 속한다.

그러니 스포츠 투어리즘이 전 세계 관광 수익의 4분의 1가량을 차지한다는 것도 과언이 아니다. 세계적인 스포츠 강국인 대한민국에서도 이러한 관광을 못 할 게 없다. 올림픽, 월드컵 같은 대규모 종합 스포츠 이벤트가 아니더라도 국내 스포츠를 매개로 전국을 여행할 수 있으니까. 점점 더 시장이 커지고 있는 프로스포츠 중에서 가장 많은 지역을 망라하는 것은 역시 축구다. 프로 축구 K리그에서는 21개 시·도를 연고로 하는 23개의 팀이 치열한 경쟁을 벌이고 있다.

K리그는 1부 리그인 K리그 클래식과 2부 리그인 K리그 챌린지, 2개의 디비전으로 나뉘어 있다. 이는 국내 프로스포츠 사상 최초로 도입된 승강 시스템이다. 서울과 수원에 각각 2개의 클럽이 있고, 나머지 19개의 시와 도에 각각 하나씩 팀이 있다. 그러니까 서울에서 제주도까지 전국 21개 도시에서 축구여행을 즐길 수 있는 것이다. 포항에서는 과메기를, 전주에서는 비빔밥을 먹으면서 축구여행을 할 수 있고, 광주에서는 역사문화마

장 소: 전주월드컵경기장
2015년 5월2일 오후 3시00분
결제수단: 현금
가격등급: 성인/정가
판매일자: 2015/05
티켓번호: T05089
비지정석
ier JDFC "
Hyundai Oilbank
서울 이랜드FC vs FC안양 (3.29)
2015 현대오일뱅크 K리그 챌린지
일 시: 2015년 3월29일 오후 12시00분
장 소: 잠실종합운동장 주경기장
성인(12,000원)
E-LAND STAND
1층 L8-A열 7번
NC
NEW CORE MALL
T04946
BRASIL
BRASIL x ROMÊNIA
07/06/2011 - 21:50
ESTÁDIO DO PACAEMBU
SÃO PAULO-SP
Gillette
WISE UP
TOBOGÃ
SEOUL
ELAND
경품 번호: 7782100322001
전남드래곤즈 vs 광주
2015.06.03 19시 00분
LMÉ
SNC
순천만정원
Play, Together!
LOTTE
DEPARTMENT STORE
Nikon
TOYOTA
HYU
ssaka
NH농협은행
전주 OT vs 충주
2015.06.13 오후 7시
1/1
FLS001
광주월드컵경기장 K리그 클래식
성인 7,000원(카드)
1/2 05.24 FL
GWON FC
K LEAGUE CHALLENGE
강원FC 입장
강원FC vs 대구FC
2015.06
GWANGJU

을을, 제주에서는 오름을 둘러보며 축구여행을 할 수 있다는 말이다. 축구도 보고 여행도 하는 일, 어떤가?

나는 이 책이 K리그의 '스포츠 투어리즘'적 가치에 불씨를 지피는 작은 번개탄이 되길 바란다. 혹자는 전문성을 거론하며 비판의 시선을 보내기도 하겠지만, 괜찮다! 축구에 대한 애정의 깊이만큼은 충분하다고 자부하니까. 세계 어디를 여행하든 그 나라의 맥주와 미녀, 축구와 축구장만큼은 온 신경을 기울여 지켜봐왔다.

차붐-차미네이터 부자와 인연이 있는 독일 프랑크푸르트의 코메르츠방크 아레나Commerzbank Arena, 마라도나가 유럽으로 떠나기 전 마지막으로 몸담았던 아르헨티나 부에노스아이레스의 라 봄보네라La Bombonera, 물 위에 떠 있는 싱가포르의 더 플로트 앳 마리나베이The Float @ Marina Bay, 캐나다 최초의 축구전용구장 BMO 필드, 한일전이 수없이 열렸던 도쿄 국립경기장, 축구 황제 호나우두의 은퇴 경기가 열렸던 브라질 상파울루의 파카엠부Pacaembu 스타디움, 1930년 제1회 FIFA 월드컵이 열렸던 우루과이 몬테비데오의 센테나리오Centenario 경기장……

각국의 축구장에 발자국을 남기며 먼저 다녀간 이들의 흔적 속에서 많은 것을 느꼈다. 경기장과 그 주변이 그대로 하나의 관광 상품이 되고, 그곳을 찾은 이들에게는 그 모든 것이 갖가지 형태의 추억으로 남는 것 같았다.

이 책은 한 축구 팬의 여행 에세이이자 미생未生 축구 팬(아직까지 축구 팬으로 살아오지 못한 이)들을 위한 여행 가이드북이다. 축구여행을 어렵게 생각하지 말자. 1 축구 경기가 열리는 도시로 간다. 2 경기장에서 멀지 않은 명소를 둘러본다. 3 시간에 맞춰 경기장으로 가서 축구를 본다(경기뿐 아니라 축구장 내외부의 디테일, 특유의 분위기, 안팎의 사람들까지). 4 경기가 끝난 후 시간이 남았다면 지역 명소를 더 돌아본다. 5 출출해지면 지역 맛집을 찾아가 식사를 한다. 6 집으로 돌아간다. 이 정도만 해도 영화→밥→커피로 이어지는 평범한 데이트보다는 훨씬 즐겁지 않을까?

나는 지난 1년간 대한민국 축구여행을 했다. 가능하면 경기장에서 20~30분에 걸어서 갈 수 있는 곳들, 차를 이용하더라도 30~40분 이상 걸리지 않는 곳을 위주로 돌아봤다. 그래서 이 책에서도 이 기준에 맞춰 소개를 했다. 내 여행을 참고해도 좋고, 새로운 루트를 독창적으로 개발해도 좋다. 전국 21개 도시에서 9개월 가까이 펼쳐지는 K리그의 대장정에 한 걸음 얹어보는 것만으로도 좋을 테니까. 당장 이번 주부터 시작해보자. 하루쯤 축구여행, 킥오프!

Contents

SEOUL

INCHEON

서울의 프로 축구가 궁금하다!

대한민국의 수도이자 1,000만 명이 넘는 인구가 사는 서울에 아주 오랫동안 제대로 된 프로 축구팀이 없었다고 한다면 지나친 과장일까? 정확히 말하면 없었던 게 아니라 없기도 했고, 있기도 했고, 여러 팀이 나눠 쓰기도 했고, 모두가 방을 빼기도 했다. 한마디로 얽히고설킨 혼돈의 시기를 지나온 것이 서울의 프로 축구 역사다.

지금까지 한 번이라도 서울에 주소지를 뒀던 프로 축구팀은 모두 네 팀이다. 현재 상암벌의 주인인 FC서울이 과거 럭키금성 황소 축구단 시절 서울에 머물렀고, 제주 유나이티드의 전신인 유공 코끼리 축구단도 꽤 오래 서울에 적을 두었다. 얼마 살지는 않았지만, 몇해 전 시민 구단으로 다시 태어난 성남FC도 첫 살림은 서울에 차렸다. 2015년 K리그 챌린지의 막내로 리그에 참여한 신생 구단 서울 이랜드FC가 마지막 주인공이다.

도대체 왜 서울의 주인은 바뀌고 또 바뀌었던 걸까? 그건 다름이 아니라 바로 서울이기 때문이었다. 한 구단에만 서울 땅을 허하려니 거대한 시장이 아깝고, 여러 팀을 한데 서울에 두려니 타 지역의 축구 발전을 저해하는 요소가 될 수밖에 없어 한국프로축구연맹이 결정을 내리지 못한 것이다. 결국 1980년대 후반에는 공동관리지역으로 규정해 특정 팀의 연고지가 되는 것을 막았고, 1992년부터는 일화와 LG, 유공 3개 구단이 동대문운동장을 함께 홈구장으로 쓰기도 했다.

이 시기는 1995년까지 별다른 변화 없이 지속되었다. 1996년 한국프로축구연맹은 3개의 클럽이 서울 한 지역에 있는 소모전(?)을 피하면서 2002년 월드컵 개최를 위해 서울에 있던 세 구단에 연고지 이전 지침을 내렸고, 이것이 지방 축구 발전의 초석이 되길 바랐다. 이로써 유공 코끼리는 부천, 일화 천마는 천안, LG치타스는 안양으로 이전해 새로운 역사를 시작했다.

하지만 이 역시 미봉책에 지나지 않았고, 천안에 머물렀던 일화 천마는 2000년에 경기도 성남으로, LG치타스는 2004년에 안양에서 서울로, SK 축구단은 2006년에 부천에서 제주로 또 한 번 연고 이전을 한다. 1996년의 연고 이전이 연맹의 강제에 의한 것이었다면, 2000년 이후의 연고 이전은 더 나은 시장과 팬덤, 인프라를 찾아 떠난 것이었다.

연고지 이전에는 모두 나름의 사정과 이유가 있었지만, 이에 많은 축구 팬들이 상처를 입었다. 그 뒤로도 상무 축구단, 경찰청 축구단 등이 연고

지로 인한 문제를 겪었지만, 병역의 의무를 이행하는 현역 군경 선수들로
이루어진 구단인지라 상대적으로 이해의 폭이 넓었다.

　연고지와 관련된 서울의 프로 축구 역사는 이 정도에서 줄이고, 현재
서울 축구의 두 축인 FC서울과 서울 이랜드FC에 대해 알아보도록 하자.
더불어 아시아 최고의 축구경기장인 서울월드컵경기장과 88올림픽의 메
인스타디움이자 한국 스포츠의 성지인 잠실종합운동장을 찾아가보자.

상암의 수호신, FC서울

　앞서 말했듯 LG그룹(정확하게는 2004년 계열 분리 후의 GS그룹) 축구단은
2004년, 약 8년 만에 서울로 돌아왔다. 황소 축구단이나 치타스라는 이
름이 아닌, FC서울이라는 새 이름을 달고서 말이다. FC서울은 2002 한
일 월드컵의 한국 쪽 메인스타디움이었던 서울월드컵경기장을 새 터로
삼았다. 2004년 이후, 처음 몇 년간은 연고 '이전'이냐 '복귀'냐 하는 논
란 등 크고 작은 잡음이 있었지만, 이제는 서울팀으로 완전히 자리를 잡
았다.

　6만 6,000명이 넘는 관중을 수용할 수 있는 서울월드컵경기장은 아시
아 최대 규모의 축구전용구장이다. '상암벌'이라는 별칭을 가지고 있고,
흔히 상암월드컵경기장으로 불리지만 실은 마포구 상암동이 아닌 성산
동에 있다. 과거에 월드컵 주경기장 건립 부지로 최종 확정된 곳이 상암
동이었기에 미디어를 통해 지속적으로 상암월드컵경기장이라는 이름이
노출되었고, 대중은 경기장이 당연히 상암동에 있다고 여기게 되었다. 오

랜 축구 팬인 나 역시 이 사실을 불과 얼마 전에야 알았다.

서울월드컵경기장의 외관은 과거 마포나루를 드나들었던 황포 돛배의 돛과 방패연을 형상화한 것이다. 그래서 '빅카이트'라는 별칭도 있다. 영국의 축구 잡지 『월드사커』는 2003년 세계에서 가장 아름다운 축구장 10곳을 선정하면서 이탈리아 밀라노의 산 시로, 스페인 바르셀로나의 캄프 누, 영국 카디프의 밀레니엄 스타디움 등과 함께 서울월드컵경기장을 꼽은 바 있다. 잿빛 외관이 다소 칙칙한 느낌을 주기는 하지만, 적어도 아시아권에서는 비교 불가의 원톱 축구장이라고 단언한다. 2002 한일 월드컵의 개막전이 열린 곳이고, 한국팀의 4강전이 펼쳐진 경기장이라는 사실만으로도 방문할 가치는 충분하다.

지하철 6호선 월드컵경기장역 1번이나 2번 출구로 나와 300미터 정도만 걸으면 웅장한 스타디움이 나타난다. 경기장 규모에 비해 관중석의 경사가 적당해서 경기 관전이 편하다. 설명하기 어려운 아늑함이 느껴질 정도다.

FC서울은 과거 럭키금성 황소 축구단이나 안양 치타스 시절의 우승 경력을 빼면 가슴에 단 별의 개수가 절반 이상 줄지만, 비교적 최근인 2010년과 2012년에도 리그 우승을 차지한 바 있는 강팀이다. 조광래, 이장수 감독에 이어 부임한 터키의 세놀 귀네슈 감독이 팀의 기틀을 마련했다고 보는 사람이 많다. 2002 한일 월드컵에서 유럽 축구의 변방 터키를 이끌고 3위에 오른 귀네슈 감독은 2007시즌부터 3년 동안 FC서울을 지도하며 좋은 경기력과 준수한 성적으로 많은 팬을 상암으로 불러모았다.

멤버십카드
우리의 자존심 김현성
FC서울
11.7(토) 오후3시
슈퍼매치
수원
FC서울 천만수호신의
FC SEOUL SUPPORTERS
Nassau 낫소 축구공
KEB 하나은행

무료 가입 가능
FC서울 유소년 축구교실 회원모집
그대들이 가는길 우리가 지켜주리라
FC SEOUL ★ SUHOSHIN
ADELANTE
TIFOS
SEOULITES
KEB 하나은행
RESPECT
하나멤버스
KEB 하나은행

2010년 후임 감독인 포르투갈 출신 넬로 빙가다의 지휘 아래 우승한 이래로, 귀네슈와 빙가다 두 감독을 모두 보좌한 바 있는 독수리 최용수 감독이 2012년에 다시 우승을 달성했지만, FC서울의 10~20대 팬 중 다수는 귀네슈 감독 시절 축구의 재미에 빠져들었다. 2000년대 후반 이후 리그와 AFC 챔피언스리그에서 꾸준히 나쁘지 않은 성적을 이어가고 있는 FC서울은 2015년 FA컵에서도 우승을 차지하며 통산 2회의 우승 기록을 갖게 되었다. 이는 포항, 수원, 전북에는 미치지 못한다.

　　FC서울은 소속 선수의 해외 진출에도 상당히 협조적인 구단으로도 유명하다. 박주영이 프랑스 리그1의 AS모나코로, 이청용이 잉글랜드 프리미어리그의 볼튼 원더러스로, 기성용이 스코틀랜드 프리미어리그의 셀틱FC로, 김동진이 러시아 프리미어리그의 제니트 상트페테르부르크로 이적한 바 있다. 모두 FC서울에서의 활약을 바탕으로 유럽 리그에 직행한 것이다.

　　또한 국적이 다양한 외국인 선수가 함께 활약하고 있는 팀으로도 잘 알려져 있다. 2015시즌에는 스페인의 오스마르, 콜롬비아의 몰리나, 브라질의 아드리아노, 일본의 다카하기가 활약했다. 2016년에는 몰리나가 고국으로 돌아갔으나, 몬테네그로 출신인 데얀이 컴백해 5개국 선수들이 연

합팀을 이루는 것에는 변함이 없다. 여러모로 가장 국제적인 모양새를 갖추고 있어서 한국 최고의 메트로폴리탄인 서울에 잘 어울리는 클럽이다.

도합 30년이 넘는 오랜 역사를 가지고 있는 만큼, 럭키금성, 안양LG 시절 이름을 떨쳤던 선수부터 레전드를 추리면 명단이 끝없이 이어진다. 고르고 고르자면 박항서 · 정해성 · 구상범 · 이영진 · 윤상철 · 서정원 · 최용수 · 피아퐁 · 드라간 · 스카첸코 · 안드레 · 정광민 · 이영표 · 신의손 · 이을용 · 최태욱 · 박용호 · 김동진 · 정조국의 이름을 들 수 있겠다.

진정한 FC서울의 역사라고 볼 수 있는 2004년 이후 주축 선수를 꼽자면, 박주영 · 히칼도 · 김용대 · 김진규 · 김치우 · 고요한 · 고명진 · 기성용 · 이청용 · 하대성 · 차두리 · 데얀 · 오스마르 · 몰리나가 있다. 최근 몇 년 간 많은 선수들이 중국을 비롯한 해외 리그로 떠나서 스쿼드의 무게감이 상당히 줄었는데, 2016시즌을 앞두고는 적절히 전력을 보강했다. 신진호, 유현, 조찬호, 주세종 등 이적생과 윤일록, 윤주태, 심상민 등 젊은 선수들에 대한 기대가 크다.

레울파크의 안방마님, 서울 이랜드FC

이번에는 20년 만에 한국 프로 축구에 새롭게 나타난 기업 구단 서울 이랜드FC와 그들이 터를 잡은 서울올림픽주경기장에 대해 알아보자. 우리는 흔히 대형 타이어처럼 생긴 이 경기장을 잠실종합운동장이라고 부르나, 공식 명칭은 서울올림픽주경기장이 맞다. 주경기장, 잠실야구장, 수영장, 실내체육관, 학생체육관 등의 체육 시설을 모두 묶어 서울종합운동장이라는 이름으로 통칭하고, 메인스타디움은 서울올림픽주경기장이라 부르는 것이다.

서울종합운동장은 1986년 아시안게임과 1988년 하계 올림픽을 개최하기 위해 만들어졌다. 메인스타디움이 완공된 것은 1984년 9월의 일이다. 개장 기념 경기는 당시 최고의 빅매치였던 한일전이었다. 이후 아시안게임, 올림픽 등 세계적인 스포츠 이벤트와 각종 육상대회, 축구대회가 다수 열렸으며, K리그 올스타전도 여러 차례 개최되었다. 과거 K3 소속의 서울 유나이티드가 잠시 홈구장으로 활용하기도 했다. 현재는 2014년 4월 창단한 서울 이랜드FC가 입주해 있고, '레울파크Leoul Park'라는 새 이름도 만들었다.

서울올림픽주경기장의 공식 수용 인원은 약 7만 명인데, 최대 10만 명까지 입장할 수 있다. 국내의 모든 경기장을 통틀어 가장 많은 수용 인원을 가진 초대형 스타디움이다. 잠실의 새 주인인 서울 이랜드FC는 지난 2015시즌 경기장 동쪽 측면에 5,216개의 가변좌석을 만들어 운영했다. 그라운드에서 일반 좌석까지 거리가 너무 멀어 축구 관전에 적합하지 않다는 이유에서다.

또 애초 7만 명 가량이 입장할 수 있는 경기장이라 1~2만 명의 관중이 든다 해도 관중석이 텅 빈 것 같은 느낌을 줄 수 있다는 것을 우려했다. K리그 신생팀의 현실적인 관중 동원 능력도 직시했다. 구단 측에서는 언제나 현장을 찾기만 하면 여유 있게 티켓을 구할 수 있는 경기장이 아닌, 사전에 입장권을 구입해야만 경기를 즐길 수 있는 곳이라는 인식을 만들겠다고 밝힌 바 있다.

서울 이랜드FC의 경기장 활용 방안은 매우 훌륭하고 효율적이라고 생각한다. 고정된 스탠드 좌석이 아니라 경기장 한쪽 사이드에만 가변좌석이 있어서 전체적인 그림으로 보았을 때는 어색한 느낌이 없지 않고, 그리 멋스러운 풍경은 아닐 수도 있다. 그렇지만 '축구 관전'의 측면에서는

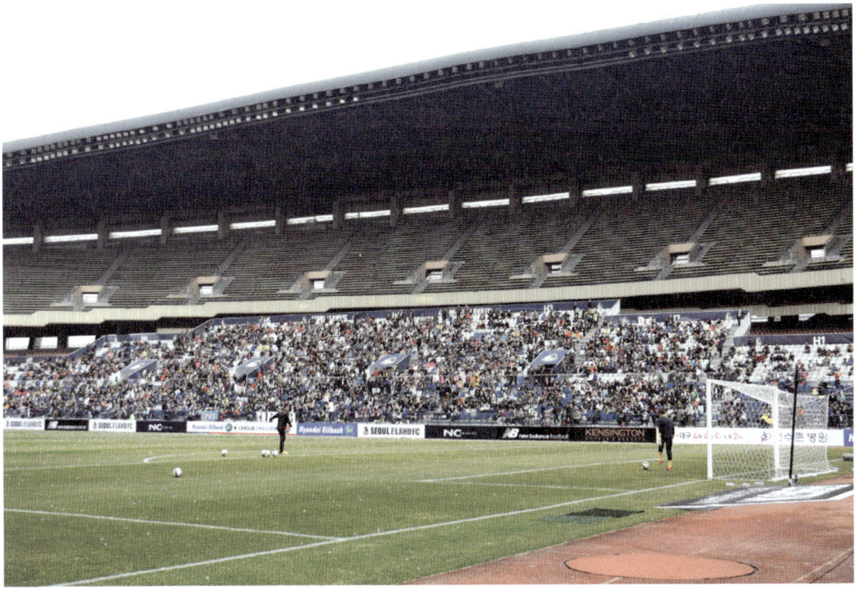

NC
NEW CORE MALL
FAMILY ZONE
SEOUL E-LAND FC
NC
NEW CORE MALL
FAMILY ZONE
SEOUL E-LAND FC
new balance football

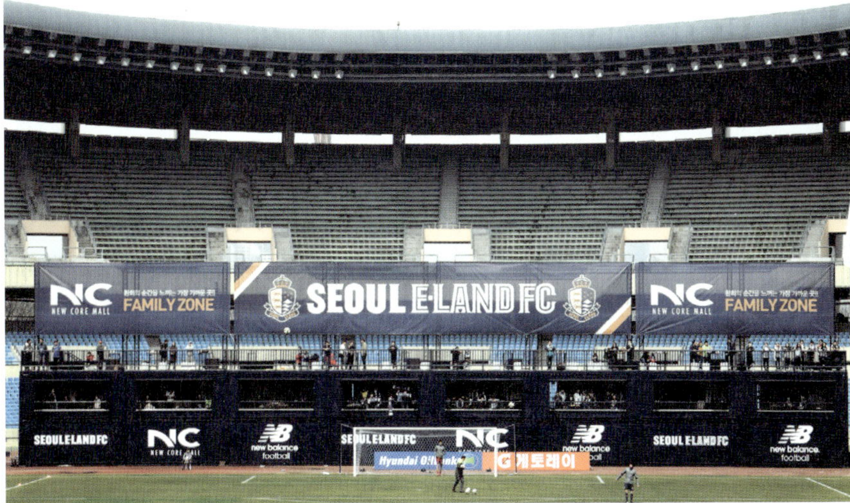

딱히 흠잡을 것이 없다. 어느 좌석에서든 경기가 잘 보이고, 탁월한 현장 감이 느껴진다.

레울파크의 가변좌석에 앉아서 보내는 2시간은 여느 경기장의 느낌과 는 꽤나 다르다. 마치 콘서트장에 와 있는 느낌이다. 스타디움에서 열리 는 공연에는 대개 여러 형태의 가변좌석이 설치되는데, 서울올림픽주경 기장에서 축구를 보면 가장 가까운 자리에서 팝스타의 공연을 보는 듯 심 장이 뛴다. 앞으로 서울 이랜드FC가 더 멋진 경기로 '축구 공연'의 질을 한층 올려줬으면 좋겠다.

서울 이랜드FC는 초대 감독으로 스코틀랜드 출신의 마틴 레니를 영입했다. 그는 부상으로 축구 선수의 꿈을 일찍 접었지만, 불행 중 다행으로 젊은 나이에 지도자 커리어를 시작했다. 30세에 미국 하부리그 팀의 감독을 맡으면서 본격적인 감독 생활을 시작했으며, 메이저리그 사커팀인 밴쿠버 화이트캡스를 이끌면서 이영표와 인연을 맺었다. 그는 2017시즌까지 서울을 맡는데, 전공인 경제학과 마케팅 경력을 살려 구단 운영 전반에 관여하는 '매니저' 역할을 수행할 것 같다.

서울의 오리지널 멤버로 가장 눈에 띄는 선수는 국가대표 출신 베테랑 트리오 김영광, 김재성, 조원희였다. 2016시즌을 앞두고 조원희는 수원으로 적을 옮겼으나, 김동진이라는 훌륭한 대체 자원이 들어왔다. 또한 첫 시즌 득점 행진을 이어가면서 23골을 터뜨린 스트라이커 주민규, 몰타리그에서 득점왕을 차지한 바 있는 브라질 공격수 타라바이도 쏠쏠한 활약을 보여줬다.

서울월드컵경기장

별칭 상암벌 · 빅카이트
위치 서울특별시 마포구 월드컵로 240 (성산동)
교통 지하철 6호선 월드컵경기장역에서 도보 5분
수용 인원 약 6만 6,800명
개장 2001년 11월

2004시즌부터 K리그 클래식의 FC서울이 홈구장으로 쓰고 있다. 2002 한일 월드컵의 개막전이 열렸으며, 한국과 독일의 4강전이 펼쳐진 곳이다. 아시아 최대 규모의 축구전용구장이며, 2003년 영국의 『월드사커』가 선정한 세계에서 가장 아름다운 축구장 TOP 10에 꼽혔다. 대한민국 축구대표팀의 홈그라운드로 A매치가 주로 열린다.

TICKET

좌석	E/N/S 일반석		W 일반석		테이블석	프리미엄석	원정석
구분	정상가	예매가	정상가	예매가			
성인	10,000	8,000	15,000	12,000	30,000(2인)		10,000
청소년	6,000	5,000	10,000	8,000	40,000(4인)	25,000	6,000
어린이	3,000	2,500	5,000	4,000	60,000(6인)		3,000

2015시즌 기준/단위(원)

서울올림픽주경기장

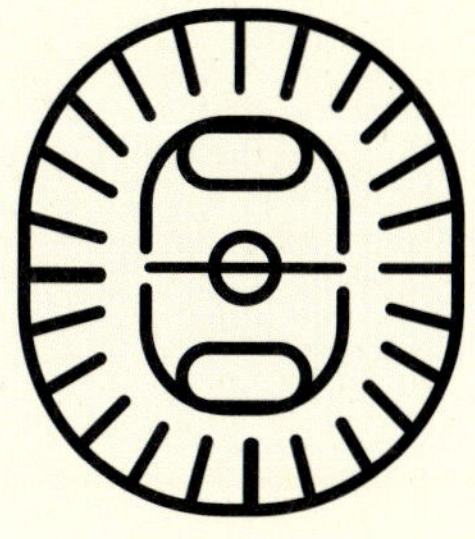

별칭 레울파크
위치 서울특별시 송파구 올림픽로 25 (잠실동)
교통 지하철 2호선 종합운동장역에서 도보 7분
수용 인원 약 7만 명 (가변좌석: 5,216명)
개장 1984년 9월

과거 수많은 A매치가 열렸던 한국 축구의 성지였으나, 서울월드컵경기장이 개장한 2001년 이후 국가대표팀의 메인 경기장 자리를 내주고 말았다. 하지만 지난 2013년 동아시안컵 대회가 개최되면서 약 13년 만에 A매치가 열렸고, 2015년부터는 신생팀 서울 이랜드FC가 홈구장으로 쓰고 있다. 첫 시즌에는 5,216석의 가변좌석만 운영하며 조금은 수줍게 잠실의 문을 다시 열었지만, 향후 성적에 따라 팬이 늘어나면 가변좌석 추가 설치를 고려할 수도 있을 것이다.

TICKET

좌석	일반석	원정석	테이블석/VIP석	라운지석
성인	12,000	12,000		
청소년	6,000	6,000	30,000	20,000
어린이	3,000	4,000		

2015시즌 기준/단위(원)

상암

월드컵공원

평화의공원, 하늘공원, 난지천공원, 노을공원, 난지한강공원이라는 5개의 크고 작은 공원으로 이루어진 월드컵공원은 산책과 운동, 간단한 피크닉을 하기에 그만이다.

LOCATION 서울특별시 마포구 하늘공원로 108-1
TIME 공원에 따라 차이가 있다. 평화의공원, 난지천공원은 상시 개방.

마포농수산물시장

마포는 조선시대 교통의 요지였던 탓에 전국 각지에서 오는 농수산물이 저장되고 분배되는 곳이었다. 마포농수산물시장을 구경하며 과거의 생기를 짐작해보자.

LOCATION 서울특별시 마포구 월드컵로 235

한국영화박물관

다양한 기획전이 열리며, 영화 관계자들이 직접 기증한 전시품이 많다. 사진 촬영도 자유롭다. 관람료는 없다.

LOCATION 서울특별시 마포구 월드컵북로 400 한국영상자료원
TIME 10:00~18:00

 FOOD

빠다베이스 

합리적인 가격의 스테이크하우스로 아늑하고 편안한
분위기에서 맛 좋은 스테이크를 즐길 수 있다.

LOCATION 서울특별시 마포구 월드컵북로44길 76-3
TIME 11:00~02:00
PRICE · 스테이크 8,000~20,000원
　　　　 · 샐러드 8,500~12,000원
　　　　 · 생맥주 3,500원

잠실

 **TRAVEL**

선정릉

조선의 9대 임금 성종과 계비 정현왕후가 묻힌 선릉과, 11대 임금 중종이 묻힌 정릉을 통틀어 선정릉이라고 부른다. 지하철 2호선 선릉역 8번 출구, 9호선 선정릉역 3번 출구와 가깝다.

LOCATION 서울특별시 강남구 선릉로00길 1
TIME 9:00~21:00

올림픽공원

문화·예술·역사·교육 등 다채로운 즐길 거리가 있는 공원이다. 백제인의 옛 모습을 들여다볼 수 있는 몽촌토성이 공원 안에 자리하고 있어, 역사 유적에 관심이 있다면 둘러볼 만하다.

LOCATION 서울특별시 송파구 올림픽로 424
TIME 5:00~22:00

송파나루공원(석촌호수)

동쪽 호수와 서쪽 호수를 합친 호수
변 산책로의 둘레는 약 2.5킬로미터
로 가볍게 뛰거나 걷기에 좋다. 수풀
이 우거진 주변 환경도 아름다워 절
로 걷고 싶어지는 공원이다.

LOCATION 서울특별시 송파구 잠실로 180

 **FOOD**

피자파워

피자의 종류가 다양하고 사이드 메뉴도
선택의 폭이 넓다. 맛과 양 모두 가격에
합당한 편이다. 치킨+맥주 조합보다는 피
자+맥주 콤보를 선호하는 축구 팬들에게
알려주고 싶은 편이다.

LOCATION 서울특별시 송파구 백제고분로7길 58
TIME 11:30~22:30
PRICE • 피자 9,900원~18,900원
       • 모듬튀김 15,900원
       • 생맥주 3,500원

언젠가 축구의 도시가 되리라

부산·대구·광주·대전……. 야구팀과 축구팀이 함께 있는 도시들이 대개 그렇듯, 인천 역시 축구의 도시라기보다는 야구의 도시에 가까운 느낌이다. 프로구단이 만들어진 역사에 큰 차이가 있고, 삼미·청보·태평양·현대를 거쳐 현재의 인천 야구를 인수한 SK와이번스가 꽤 두터운 팬덤을 형성하고 있으니 그렇게 느끼는 게 당연하다. 그러나 언젠가는 인천의 축구가 야구 이상의 열기를 내뿜으리라 생각한다.

인구 300만 명의 대도시이자, 대한민국 제3의 도시인 인천에 프로 축구팀이 창단된 지 고작 10년 남짓 되었다고 말하면 의아해하는 사람들이 적지 않을 것이다. 멋지고 세련된 블루블랙의 팀 컬러를 가진 인천 유나이티드가 바로 인천의 클럽이다. 인천 유나이티드는 2002 한일 월드컵의 다음 해인 2003년 창단하여 2004시즌부터 리그에 참가했다.

창단 후 거의 10년간은 남구 문학동에 위치한 문학종합운동장을 홈구장으로 썼다. 프로야구 SK와이번스가 주인으로 있는 문학야구장 바로 옆집을 홈으로 쓴 것이다. 잘나가는 이웃을 둔 탓에 인천 유나이티드와 인천 축구 팬들은 늘 기가 죽어지내는 느낌이었는데, 2012년에 새집을 지어 이사했다. 문학동 시절처럼 크지는 않지만, 훨씬 더 짜임새 있고, 보기 좋은 최적의 축구장이다.

참고로 현재의 인천 축구장 부지는 과거 인천 야구장이 있던 곳으로 SK와이번스는 창단 후 첫 2시즌을 이곳에서 치렀다. 그 후 문학야구장이 생기며 SK와이번스 야구단과 인천 유나이티드 축구단이 이웃이 된 것이다. 이상하게도 둘이 붙어 있을 때는 SK의 성적이 매우 좋았는데, 인천 유나이티드가 문학동을 떠난 이후로 SK의 팀 순위도 급격히 내려앉았다.

야구 이야기는 그만 접고 중구 도원동에 위치한 인천축구전용구장 이야기를 해보자. 숭의동과 도원동 사이에 터를 잡은 이곳은 행정구역상으로는 도원동에 속하지만 개장 후 ‘숭의 아레나’ 혹은 ‘숭의 아레나파크’로 불렸다. 훗날 최종 확정된 공식 명칭은 인천축구전용경기장인데, 경기장의 아름다움에 비해 너무 특색 없는 이름이라 아쉬운 감이 있다. 물론 팬들은 이미 입에 붙어버린 숭의 아레나로 부르고 있지만.

나중에 구단 공모를 통해 더 폼 나는 별칭을 마련했으면 하는 바람이 있다. 축구장 이름을 꼭 공식 명칭 하나로 불러야 할 이유는 없지 않은가? 예를 들어 아르헨티나의 명문팀 보카 주니오르스 경기장의 공식 명칭은

IUFC
신한은행
E석

W 석
매점
NG 1
NG 1
NORTH / 北
신한은행

전 구단주의 이름을 딴 '에스타디오 알베르토 호세 아르만도Estadio Alberto Jose Armando'지만 그 이름을 그대로 부르는 이들은 드물다. 그보다는 초콜릿 상자라는 뜻의 별칭 '라 봄보네라La Bombonera'가 훨씬 유명하다. 문득 든 생각이지만, 인천의 옛 이름인 '미추홀'에 중독자라는 뜻을 가진 영어 '홀릭holic'을 붙여 '미추홀릭 풋볼파크' 같은 새 이름을 만든다면 멋지지 않을까?

지금까지 국내 약 25곳, 해외를 포함하면 약 50곳의 축구장에 가봤지만, 이곳은 정말 어디에 내놓더라도 부끄러울 게 없는 '웰메이드' 축구장이다. 축구장 특유의 웅장한 맛이 다소 떨어지고, 수용 인원이 적은 게 아

니냐는 의견도 있지만, 전혀 그렇지 않다. 현재 K리그와 인천에 최적화된 경기장이라고 단언할 수 있다.

매머드급 월드컵 스타디움에 관중이 들어차지 않아 골머리를 썩고 있는 부산, 광주, 대구 같은 팀들도 이 경기장을 벤치마킹해 좋은 새집 하나 마련했으면 하는 게 축구 팬의 바람이다. 축구 팬의 마음이 이러할진대, 1년 내내 강 건너 불 보듯 찌푸린 눈으로 그라운드를 응시해야 하는 홈팬들의 마음은 어떠할까 싶다.

인천축구경기장은 최적의 시야로 경기를 관람할 수 있다. 문학종합운동장보다 나은 점도 많다. 일단 접근성이 굉장히 뛰어나다. 사실 문학종합운동장의 접근성도 그리 나쁘지는 않았다. 그냥 하는 말이 아니라 정말

수도권

괜찮았다. 하지만 숭의 아레나가 몇 배는 더 훌륭하다. 옛집은 인천 지하철 문학경기장역에서 내려 10분 이상 걸어야 했지만, 새집은 1호선 도원역에서 단 3분이면 가 닿을 수 있다.

아마 이곳을 처음 찾은 아이들이 있다면, 조금이라도 빨리 경기장을 확인하고 싶은 마음에 부리나케 뛰어나갈 테니, 그때는 3분도 안 걸릴 것이다. 역 출구로 빠져나와 횡단보도만 하나 건너면 바로 멋스러운 축구장이 눈에 들어온다. 내실 있어 보이는 은빛 테두리가 검정색, 파란색의 스탠드를 감싸며 시원한 카리스마를 내뿜는다. 체구는 작지만 실버·블루·블랙 3가지 색이 잘 조합되어 강단이 있어 보인다.

김도훈 감독의 2016시즌이 기대된다!

아직까지 인천 유나이티드는 K리그의 중하위권을 맴도는 시민 구단 중 하나일 뿐 빼어난 성적표를 모으지 못했다. 세상에 무슨 일이 일어날지 쉽게 예측할 수 없듯 한국 축구판이 어떤 모습으로 변할지 속단할 수 없지만, 인천이 향후 몇 년 안에 특출한 상승 곡선을 그릴 것으로 보기 어려운 이유다. 쉽게 말해 AFC 챔피언스리그 진출 같은 과업을 성취하는 것과는 꽤 거리가 있을 것이며, 트로피를 두고 경쟁하는 팀이 되기엔 많은 시간이 필요해 보인다. 1부 리그 잔류를 목표로 싸워나가는 것이 매 시즌의 현실적인 목표일 것이다.

장외룡 감독의 지휘 아래 엄청난 돌풍을 일으켰던 2005시즌에 준우승을 차지한 것 외에는 이렇다 할 기록을 쌓지 못하고 있다. 2015년 FA컵에서 FC서울에 아깝게 패배하며 준우승을 차지한 것, 과거 두 차례 4강에 오른 FA컵 성적표가 그나마 내세울 만한 기록이다. 인천에 소속되어 있던 선수들 중 가장 이름값이 높은 이들은 2002 한일 월드컵 멤버였던 설기현, 김남일, 이천수, 최태욱이며, 팀의 레전드 플레이어로 볼 만한 선수는 임중용, 전재호다. 출범 초기에는 동구권 커넥션으로 영입한 외국인 선수들이 쏠쏠한 활약을 했고, 그들 중 일부는 K리그에 의미 있는 족적을 남겼다.

세르비아 몬테네그로 대표 출신인 드라간 믈라데노비치, 훗날 FC서울로 이적해 리그를 호령하며 몬테네그로 국가대표팀에 선발된 데얀 다미아노비치, 크로아티아 대표로 유로 2004에도 출전한 야스민 아기치가 대표적이다. 인천에서 데뷔해 성남, 수원에서도 활약한 제난 라돈치치 역시 빼놓을 수 없다. 당시 경기장에서 라돈치치의 여자 친구로 짐작되는 동구권 미녀를 몇 차례 마주쳤던 것도 꽤나 기억에 남는다.

2015시즌 어수선한 팀 분위기 속에서 지휘봉을 잡았지만, 첫 시즌을 성공적으로 마친 김도훈 감독이 2016시즌에는 어떤 경기를 보여줄지 기대가 크다. 이천수가 은퇴하고, 김인성, 유현이 이적했지만, 베테랑 조병국, 김태수를 영입했고, 공수에서 크게 공헌한 외국인 선수 케빈 오리스, 마테이 요니치와 재계약을 맺어 전력 누수는 크지 않다.

인천축구전용경기장

별칭 숭의 아레나
위치 인천광역시 중구 참외전로 246 (도원동)
교통 지하철 1호선 도원역에서 도보 3분
수용 인원 약 2만 300명
개장 2012년 3월

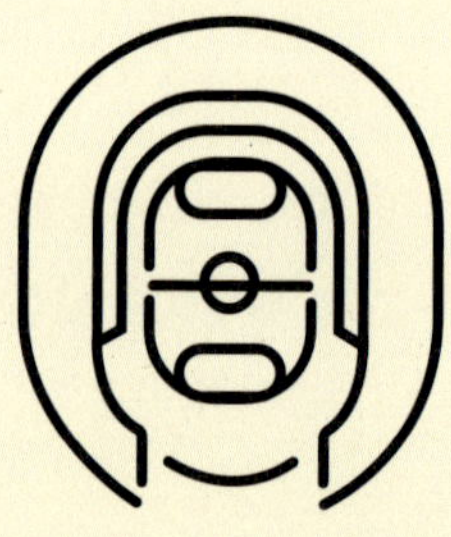

2012시즌부터 K리그 클래식의 인천 유나이티드가 홈구장으로 쓰고 있다. 그라운드와 관중석의 간격이 약 1미터에 불과해 축구를 가장 가까이서 볼 수 있는 경기장으로 꼽힌다. 최신 시설을 제공하는데 티켓 가격도 저렴하다는 것은 숭의 아레나가 가진 큰 매력. 관중석 E구역 중간에 위치한 팬숍이 깔끔해서 보기 좋다. 매점의 먹거리는 다소 부족한 편이다.

TICKET

좌석	E/N/S 일반석	W 일반석	원정석	프리미엄석	테이블석
성인	10,000	15,000	10,000		
청소년	6,000	10,000	6,000	25,000	30,000(2인)
어린이	3,000	5,000	3,000		

2015시즌 기준/단위(원)

TRAVEL

답동성당

도원역에서 동인천역 방향으로 20분 정도 걸으면, 예스럽고 고즈넉한 골목의 끝에 멋들어진 성당이 하나 나온다. 답동성당은 120여 년의 역사를 지닌 서양식 근대 건축물로 그 가치와 아름다움을 인정받아 1981년에 사적 287호로 지정되었다. 인천의 다른 역사적 건축물처럼 6·25전쟁 때 일부가 훼손되었으나 훗날 복원되었다. 지금의 외관은 1930년대에 중축된 것이다. 현재는 인천교구의 주교좌 성당으로 쓰이고 있으며, 공식 명칭은 답동 성바오로 성당이다.

LOCATION 인천광역시 중구 우현로 50번길 2

화도진공원

화도진은 조선 후기 외세의 침입을 우려한 조정이 해안 경계를 위해 인천에 설치한 일종의 군사 지역이다. 동헌의 행랑채를 개조한 전시관에는 당시 쓰였을 법한 화포와 총통 같은 무기를 비롯해 다양한 유물이 전시되어 있다.

LOCATION 인천광역시 동구 화도진로 106번길 56
TIME 9:00~18:00

삼국지 벽화거리

인천 차이나타운에 있는 삼국지 벽화거리 역시 예쁜 사진 몇 장 건져가기에 충분한 장소다. 차이나타운에서 식사를 하고 삼국지 벽화거리를 천천히 걸어보자.

LOCATION 인천광역시 중구 신포로 27번길 80

INCHEON

수도국산 달동네박물관

동인천역에서 북쪽으로 10분 거리에 수도
국산 달동네박물관이 있다. 이 박물관은
1960~1970년대에 형성된 인천 동구의 달
동네 마을을 재현해놓은 곳이다.

LOCATION 인천광역시 동구 솔빛로 51
TIME 9:00~18:00
PRICE • 성인 500원 • 청소년 300원 • 어린이 200원

신성루

차이나타운 부근, 화교 출신 주방장이 있
는 중화요리집이다. 〈생활의 달인〉이라는
방송 프로그램에 나온 후 인기가 높아졌
다. 개인적으로는 이곳의 짬뽕밥을 추천한
다. 짬뽕밥을 시키면 제대로 된 볶음밥이
따라 나오기 때문이다.

LOCATION 인천광역시 중구 우현로 19-14
TIME 10:00~22:00
PRICE • 자장면 5,000원 • 짬뽕밥 6,500원 • 탕수육 18,000원

SUWON
SEONGNAM
BUCHEON
ANYANG
ANSAN
GOYANG

수원

SUWON

명실상부한 한국 최고의 축구 도시

경기도에서 30년 가까이 살았던 전 경기도민으로서 이런 말을 하는 게 좀 미안하지만, 수도권 도시 대부분은 칙칙한 느낌이다. 물론 서울이라고 해서 그런 느낌을 주는 지역이 없는 것도 아니고, 지방의 대도시에서도 비슷한 느낌을 받지만, 경기도의 칙칙함은 뭔가 다르다. 슬슬 해가 넘어가는 늦은 오후에 경기도 도심을 바라보고 있으면, 거리를 걷고 싶은 마음이 조금도 일지 않는다. 침침한 하늘과 탁한 공기, 빛바랜 회색 빌딩들 사이에 잠시만 서 있어도 속히 집으로 돌아가고 싶어진다.

경기도의 도청소재지인 수원 역시 마음먹고 제대로 둘러보기 전까지는 여느 수도권 도시와 다를 게 없었다. 수원 삼성 블루윙즈의 경기나 A매치를 보러 5~6번쯤 수원을 찾았지만, 순전히 수원역과 수원월드컵경기장만을 오갔던 터라 수원의 이곳저곳을 들여다볼 시간이 없었다.

그러나 얼마 전 다시 찾은 수원은, 그동안 내가 알고 있던 수원과는 다른 도시였다. 이는 지난 몇 년 사이에 수원이 조금씩 변했기 때문일 수도 있지만, 그보다는 과거 내가 수원의 진정한 매력을 보지 못했기 때문인 것 같다.

수원의 여러 가지 매력이 과거에만 머물러 있는 것은 아니다. 근현대의 중요한 대중스포츠인 축구도 수원이 가진 특별한 매력 중 하나다. 수원은 명실상부한 한국 최고의 축구 도시다. 서울을 제외하면, 2개의 프로 축구팀을 가진 도시는 대한민국에서 수원이 유일하다. 게다가 수원시의 인구는 2015년 기준 약 117만 명으로 서울 인구의 10퍼센트 수준에 불과하니, 단순히 2개의 팀을 갖고 있다는 사실만으로 두 도시를 한데 묶어 비교할 수는 없을 것이다.

서울의 경우 두 번째 팀인 서울 이랜드FC가 2015시즌부터 K리그 챌린지에 참가했지만, 수원FC는 2013년 K리그 챌린지 출범 당시 원년 멤버였으므로 2개의 축구단을 가진 역사도 서울에 비해 앞선다. 심지어 수원FC가 2015시즌 승강 플레이오프를 거쳐 K리그 클래식으로 승격해서 2016시즌에는 한국 최초의 지역 더비가 벌어지게 된다. 이러니 수원의 축구 팬들이 수원을 '축구 수도'로 지칭해도 아무도 태클을 걸 수 없다.

K리그를 대표하는 신흥 명문팀, 수원 삼성

수원에 있는 2개의 프로 축구팀은 약 3.5킬로미터 사이를 두고 이웃으로 지내고 있다. 아무래도 더 많이 알려져 있는 수원 삼성 블루윙즈와 그들의 홈구장인 수원월드컵경기장 이야기부터 해보자. 수원월드컵경기장은 축구 팬들 사이에서 '빅버드'라는 별칭으로 불리는데, 서쪽 관중석을 덮는 길게 뻗은 지붕이 큰 새의 날개를 닮았고, 동쪽 관중석을 덮는 작은 지붕이 꽁지깃을 닮아서라고 한다. 왜 그렇게 부르는지 이해할 수는 있으나 크게 와닿지는 않는다. 아무튼 독특한 외관은 멋스러우며, 다채로운 스탠드 색깔은 화려하고 예쁘다. 수용 인원은 약 4만 4,000명으로 서울과 울산 다음으로 많다.

1995년 겨울에 창단한 수원 삼성은 초기에 수원종합운동장을 홈구장으로 사용했으나, 2001년 8월부터 신축 구장인 수원월드컵경기장으로 터를 옮겼다. 블루윙즈는 탄탄한 재정의 모기업을 둔 덕분에 창단 초부터 좋은 선수들과 코칭스태프를 끌어모았으며, 빠른 속도로 K리그를 대표하는 신흥 명문으로 성장했다. K리그 출범 13년차인 1996시즌에 첫 경쟁을 시작했음에도 통산 4회나 리그 정상에 올랐다는 사실은 놀라울 뿐이다. 1999년에는 김호 감독의 지휘 아래 1시즌에 4개의 트로피를 들어올리며 K리그 사상 유일한 쿼드러플 기록을 세웠다.

20년이라는 역사 속에서 파란 날개를 구성한 깃털 하나하나는 그 무게감이 상당하다. 신홍기·박건하·윤성효·고종수·서정원·이운재·이기형·김진우·올리·데니스·바데아·가비·샤샤·산드로·나드손·마토·에두·최성용·김남일·김두현·김대희·이관우·곽희주·송종국·안정환·이천수·신영록·안영학·정대세…… 팀을 대표하는 자타공인 레전드 선수나 한때 번쩍 타올랐던 아이콘 플레이어, 잠시 잠깐 머물다 스치듯 떠난 외부 영입 인사, 엄청난 기대를 모았던 유망주, 한국인 선수, 외국인 선수 할 것 없이 리그에서 한가락했던 스타들이 그야말로 차고 넘쳤던 팀이 수원 삼성이다.

그런데 최근 몇 년 사이 구단의 소유주와 운영 주체가 달라지는 커다란 변화를 겪으며 긴축 운영이 불가피해졌고, 더는 과거처럼 리그를 주름잡았던 거물들을 영입하기 어려워졌다. 특히 2014년 삼성전자에서 제일기획으로 모기업이 바뀐 후 절약 정신은 더 심해졌다. 단적으로 10년 전의

AZUL VIENTO
春風春月 2007
Blue Wings
GS SHOP
KIXX
22
18
5
gBird
來美安
SM

스쿼드와 현재의 섯을 양옆에 펼쳐놓으면 그 차이를 쉽게 실감할 수 있다. 현재 팀의 주전 선수 중 리그 정상급 플레이어를 꼽자면 염기훈, 홍철, 권창훈 정도를 언급할 수 있겠으나, 10년 전으로 시계를 돌리면 이운재 · 김대의 · 송종국 · 조원희 · 김남일 · 이관우 · 이정수 · 박건하 · 최성용 등 놀라운 스타 플레이어가 즐비했다.

이런 변화의 흐름 속에서 짐작할 수 있듯, 현재의 수원 삼성은 우승과는 조금 거리가 있다. 전북, 포항, 서울, 울산 등과 함께 늘 우승권에 있는 구단으로 꼽히기는 하지만, 가장 최근에 거둔 우승이 차범근 감독 재임 시절인 2008년이라는 사실은 많은 것을 시사한다. 또한 AFC 아시아챔

피언스리그 탄생 직전인 2000년 초반 아시안클럽챔피언십을 연속 제패한 후로 아시아 대항전에서 딱히 내놓을 만한 이력을 쌓지 못했다.

짧은 역사·괄목할 업적, 수원FC

이제는 수원종합운동장을 홈구장으로 쓰고 있는 수원FC에 대해 알아보자. 2015시즌 K리그 챌린지에서 3위를 차지한 수원FC는 승강 플레이오프에서 서울 이랜드FC, 대구FC, 부산 아이파크를 차례로 꺾으며 1부 리그 클래식으로 올라왔다. 수원은 2003년 창단한 수원시청 축구단의 후신으로 2012년 12월 프로로 전환해 이듬해 출범한 K리그 챌린지에서 첫 시즌을 시작했는데, 3시즌 만에 1부 리그 승격이라는 대업을 이루었다.

프로팀으로서 역사는 짧지만, 2부 리그 출범 직전까지 K리그 다음으로 경쟁력 있는 리그였던 내셔널리그(과거 K2리그 포함)에서 강자로 군림해 온 이들이다. 실업 축구팀들이 경쟁하는 내셔널리그, 내셔널축구선수권 등의 대회에서 수차례 우승한 것은 물론이고, 프로와 실업, 대학과 아마추어 축구팀까지 한데 모여 실력을 겨루는 FA컵에서도 5회나 16강에 진출한 바 있다. 지난 2013년 대회에서는 K리그 클래식 팀들을 연파하며 8강까지 올랐다.

수원FC의 홈구장인 수원종합운동장은 약 1만 1,800명의 관중을 수용

할 수 있다. 경기장 곳곳에서 수원의 화성을 연상시키는 디테일을 목격할
수 있어 '캐슬파크Castle Park'라는 멋진 별칭이 붙었지만, 축구 팬 사이에
서 흔히 통용되는 이름은 아니다. 1970~1980년대에 지어진 종합운동장
의 관중석은 대개 1만~1만 5,000석 사이인데, 이와 비슷한 규모에 전형
적인 외관을 하고 있다. 경기장의 좌석은 어느 경기장에도 뒤지지 않을
만큼 훌륭한데, 이는 몇해 전 경기도체육대회를 앞두고 관중석을 전면 교
체한 덕분이다. 좌석이 큼지막하고 편안한 데다 객석 사이 공간도 매우
널찍하다. 평범한 종합운동장 좌석이 비행기의 이코노미석 같다면, 수원
종합운동장의 좌석은 비즈니스석 같은 느낌이랄까. 넓은 스탠드를 포함

하면 최대 3만 명까지 관중을 수용할 수 있다.

　수원FC의 전신인 수원 시청 시절부터 생각하면 이수길이라는 걸출한 레전드 선수가 있다. 그는 수원 시청의 창단 멤버로 데뷔해 11년간 300회가 넘는 경기에 출전했으며, 내셔널리그에서는 MVP와 베스트11에도 선정된 바 있는 명품 수비수다. 비록 K리그 챌린지에서는 1시즌만을 뛰어서 프로 커리어는 1년밖에 쌓지 못했으나 수원FC에서 손꼽힐 만한 활약을 했다. K리그 클래식에서 첫 시즌을 앞두고, '스피드레이서' 이승현, 스페인 청소년 대표팀 출신의 가빌란, 벨기에 국가대표 경력이 있는 오군지미, 전직 프리미어리거 레이어 등 스타 플레이어를 영입했다.

수원월드컵경기장

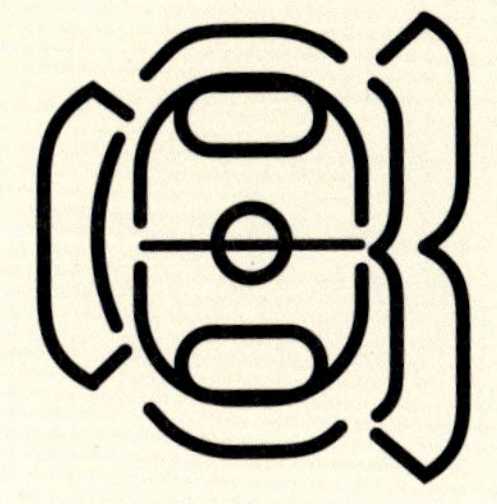

별칭 빅버드
위치 경기도 수원시 팔달구 월드컵로 310 (우만동)
교통 지하철 1호선 수원역에서 버스로 30분
　　　 수원종합버스터미널에서 버스로 30분
수용 인원 약 4만 4,000명
개장 2001년 8월

2011시즌 후반기부터 수원 삼성 블루윙즈의 홈구장으로 사용되기 시작했다. 새의 날개와 꽁지깃 모양을 본뜬 지붕 형태 때문에 '빅버드'라는 별칭으로 불린다. 빅버드의 좌석 일부에는 수원 시민의 이름표가 붙어 있는데, 이는 월드컵경기장 건설이 지지부진했을 당시 수원 시민들이 자발적으로 '1인 1의자 갖기 운동'을 펼쳐 후원금을 냈기 때문이다. 당시 좌석 1개당 책정된 후원금은 10만 원이었다고 한다.

TICKET

좌석	W 자유석	E/N 자유석	S 수원석	S 원정석	VIP 데스크석
성인	20,000	12,000	10,000	14,000	70,000(2인) *치킨, 음료 포함
청소년	10,000	6,000	4,000	8,000	
어린이	8,000	3,000	2,000	3,000	

2015시즌 기준/단위(원)

수원종합운동장

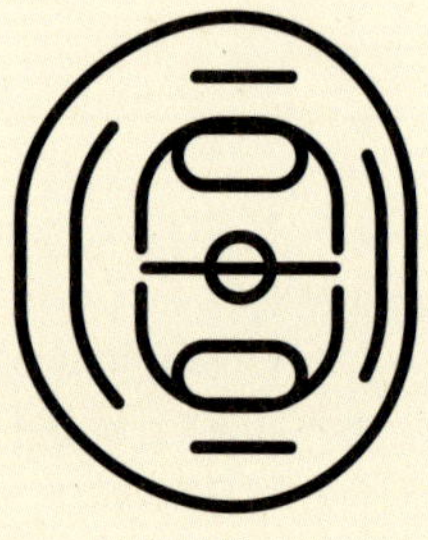

별칭 캐슬파크
위치 경기도 수원시 장안구 경수대로 893 (조원동)
교통 지하철 1호선 수원역에서 버스로 25분
       수원종합버스터미널에서 버스로 30분
수용 인원 약 1만 1,800명
개장 1971년 10월

사람으로 치면 40대 중반에 접어든 K리그의 대표적 올드 스타디움이다. 수차례 리모델링을 거쳐 비교적 시설이 좋아졌고, 2007년에는 FIFA의 공인을 얻어 17세 이하 청소년 월드컵의 일부 경기를 소화하기도 했다. 육상 트랙을 푸른색 계열의 이탈리아산 몬도 트랙으로 교체해 느낌이 산뜻해졌다. 더비 팀인 수원 삼성 블루윙즈, 야구팀 KT위즈와 힘겨운 관중 동원 싸움을 하고 있다.

TICKET

좌석	일반석	원정석	VIP석	치킨존
성인	7,000			
청소년	5,000	10,000	15,000	40,000(2인)
어린이	3,000			

2015시즌 기준/단위(원)

 **TRAVEL**

축구박물관

수원월드컵경기장 내부에 있는 큰 규모의 축구박물관이다. 이곳에 들어서면 바로 오른쪽에 수원을 대표하는 축구 선수 박지성의 기념 코너가 따로 마련되어 있다. 학창 시절 입었던 축구부 유니폼과 유년기에 직접 썼다는 축구 일기, 프로 선수가 된 후 차례로 입었던 교토 퍼플상가, PSV 아인트호벤, 맨체스터 유나이티드의 유니폼, 국가대표팀의 주장으로 활약할 당시의 유니폼 등 그가 실제로 착용했던 다수의 축구 용품이 전시되어 있다. 미니 박지성 박물관이라고 해도 손색이 없다.

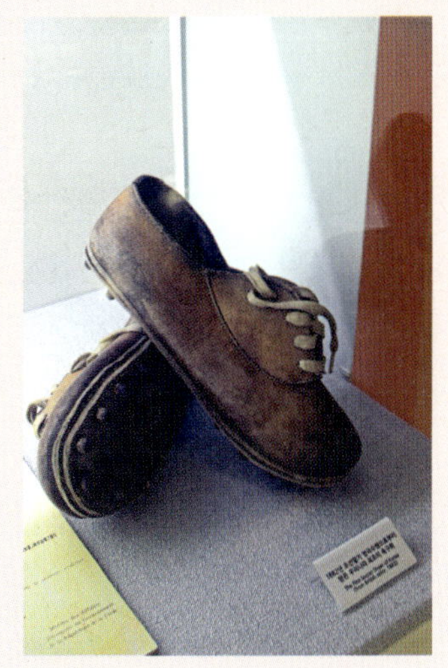

축구박물관에는 박지성 관련 자료만 있는 것이 아니다. 역대 FIFA 월드컵 공인구와 역대 대한민국 국가대표팀의 유니폼과 사인볼, 한국대표팀과 경기를 치렀거나 수원월드컵경기장에 방문한 적이 있는 각국 대표팀과 클럽팀의 아이템들, 1~2세기 전에 만들어진 축구 용품, 낯설어서 더 흥미로운 북한의 축구 용품과 자료 등 수많은 전시물이 있다. 물론 2002 한일 월드컵과 각종 K리그 자료 역시 상당수 전시되어 있다.

LOCATION 경기도 수원시 팔달구 우만동 수원월드컵경기장 내부
TIME 9:00~18:00
PRICE 1,000원

월화원

경기도 문화의 전당 맞은편 효원공원 안에 있는 중국식 전통 정원이다. 경기도와 중국 광둥성이 우호 증진 차원에서 상대 도시에 양국의 전통 정원을 짓기로 협약해서, 2000년대 중반에 조성되었다.

LOCATION 경기도 수원시 팔달구 동수원로 399 효원공원 내부
TIME 9:00~18:00

수원 화성

유네스코 세계문화유산인 화성은 명실상부 수원 최고의 명소다. 화성은 조선 후기 정조의 뜻에 따라 축성되었는데, 축성 과정에 정약용, 박지원, 홍대용 등의 실학자들이 머리를 맞대었고 수많은 민초들이 힘을 모은 것으로 전해진다.

LOCATION 경기도 수원시 장안구 연무동 190
TIME 9:00~18:00
PRICE 1,000원

지도박물관

영통구에 있는 국토교통부 국토지리정보원 산하의 지도박물관이다. 직경 2미터에 달하는 대형 지구본과 동서고금의 지구본들, 1700년대 프랑스에서 제작한 조선 전도를 비롯한 세계 각국의 고지도, 지도 제작에 쓰이는 도화기圖化機 등, 다양한 자료와 유물이 전시되어 있다.

LOCATION 경기도 수원시 영통구 월드컵로 92 국토지리정보원 내부
TIME 10:00~17:00

 FOOD

아멜리에 🍲

화령전과 화성행궁 사이에 있는 유러피언 가정식 레스토랑이다. 실내에는 단 2개의 테이블 뿐으로, 마치 예쁜 가정집에 초대받은 느낌이 든다. 넓게 트인 창으로 고풍스러운 화령전을 보며 음식을 즐길 수 있다는 점이 매력적이다.

LOCATION 경기도 수원시 팔달구 신풍로 23번길 28
TIME 11:30~21:00
PRICE • 파스타 13,000원 • 정식 20,000원 (사전 예약 필요)

TRAVEL / FOOD

성남

SEONGNAM

모든 게 바뀌었어도, 성남은 성남

한때 한국 프로 축구를 제패했고, 크고 작은 아시아 대회에서 이름을 날렸으며, 클럽 월드컵 등 굵직한 세계 대회에서 빛을 발했던 팀이 있었다. 전통적으로 노란색 팀 컬러를 고수해온 성남이다. 성남은 K리그에서 유일하게 3시즌 연속 우승을 두 차례나 달성한 무시무시한 전력을 가진 클럽이었다. 앞으로 이 기록을 넘어서는 팀이 나올 수 있을지 의문이다. 하지만 절대 무적의 최강 팀이었음에도 성남은 '인기 구단'이라는 수식어를 가질 수는 없었다. 다수의 스타 플레이어를 보유하고 최고의 성적을 내도 성남 홈구장의 스탠드는 늘 허전하기만 했다.

당시 팀의 모기업이 가진 종교적 색채가 다른 종교를 가진 사람들에게 반감을 샀기 때문이다. '축구는 축구일 뿐'이라고 생각하면 성남 시민들

이 가졌던 불편한 감정을 이해하기 어렵겠지만, 예전의 분위기는 분명 그러했다. 하지만 지금 성남은 그때와는 다른 팀이 되었다. 과거의 역사를 승계하면서도 구단 운영주가 통일그룹에서 성남시로 바뀌었고, 팀 이름도 성남 일화에서 성남FC로 달라졌다. 유니폼 또한 '블랙'으로 변했으며, 팀의 상징이었던 유니콘마저 까치로 바뀌었다. 다만 천마天馬에 달린 7개의 별은 고스란히 까치에게 전달되었다.

사실 오랜 역사를 가지고 있는 K리그팀 중에서 족보가 한 번도 꼬이지 않은 팀을 찾는 것은 쉬운 일이 아니다. 성남 구단 역시 성남에 자리 잡기까지, 또 성남FC로 다시 태어나기까지 상당한 우여곡절을 겪었다. 구단의 역사와 과거에 대해서는 조금 있다가 더 자세히 설명하기로 하고, 일단 '탄필드' 혹은 '탄천요새'라는 별칭으로 불리는 성남FC의 홈구장 탄천종합운동장에 가보자.

탄천종합운동장은 지하철 분당선 야탑역에서 약 15분 거리에 있다. 버스를 타더라도 어차피 5분 정도는 걸어야 하니, 성남의 번화한 상권과 탄천을 구경하면서 산책하듯 경기장까지 걸어도 좋다. 봄과 가을에 탄천을 찾으면 냇가 옆에 흐드러진 꽃과 나무로 인해 다른 계절보다 훨씬 아름답다. 탄천을 건너기 전부터 힐끔 보이는 하얀 지붕에 축구 팬들은 슬슬 흥분이 될 것이다. 축구 팬의 심장을 뛰게 하는 데 경기장의 규모는 중요하지 않다. 탄천종합운동장은 7번이나 리그 최정상에 올랐던 팀의 홈그라운드라고 보기에는 여러모로 아쉬운 곳이다. 종합운동장이라는 것을 감안하면 관전 시야는 그리 나쁘지 않다(후에 설치한 지붕이 W석 1층 상단부 좌석의 시야를 조금 가리긴 한다). 그러나 비교적 최근인 개장 연도(2002년)를 잣대로 보면 미흡한 부분이 제법 보인다. 비슷한 시기에 지어진 부천이나 고양의 종합운동장에 비해서는 물론이고, 지붕 유무를 제외하면 1970년대에 지어진 수원종합운동장이나 1980년대에 개장한 안양종합운동장에 비해서도 딱히 나을 것이 없다.

성남과 분당이라는 지역의 경제 규모와 생활수준을 고려했을 때 더 높은 수준의 스타디움이 들어섰어도 좋았을 것이다. 더욱이 100만 명에 달하는 인구와 준수한 재정 자립도를 생각하면 현재의 경기장이 다소 미약하게 느껴지는 건 어쩔 수 없다. 성남은 과거부터 관중 동원에 쭉 어려움을 겪어왔던 팀이니, 경기장의 규모를 가지고 구시렁대는 것은 이치에 맞지 않을 수도 있으나 더 멋스럽고 축구 관전에 적합한 축구장이 필요한 건 사실이다.

증축을 논하는 것은 시기상조겠지만, 1만 5,000명 정도의 수용 인원을 유지하는 선에서 축구전용구장으로 전환하는 게 가능하지 않을까 하는 것이 많은 축구 팬의 생각이다. 다행인 것은 시와 구단 차원에서 탄천종합운동장이나 과거 성남 일화 시절 홈경기를 가졌던 성남종합운동장 중 한 곳을 축구전용구장으로 리모델링하는 방안을 검토 중이라는 사실이다. 2015시즌에는 그라운드에 밀착한 가변좌석을 설치한 적도 있으니 더 좋은 시설의 스타디움으로 탈바꿈하는 것은 시간문제 같기도 하다.

경기 관전에 직간접적인 영향을 주는 좌석이나 편의 시설 말고도 탄천종합운동장에는 변화가 더 필요하다. 가령 경기장 내부와 외부의 디테일에 신경을 써 멋스럽고 개성 있게 경기장을 꾸미면 어떨까? 성남 시민이나 분당 구민이 갖는 프라이드에 걸맞게 경기장을 아름답게 가꾸면 좋겠다. 성남은 더 멋진 경기장을 가질 자격이 있는 팀이다.

전통의 명가에 즐비한 레전드 플레이어

성남 구단의 역사는 1989년 서울을 연고로 창단한 신생 구단 일화 천마에서 시작되었다. 일화 천마는 1996년 충남의 천안으로 연고지를 이전하며 천안 일화가 되었고, 1999년부터는 경기도 성남에 연고를 둔 성남 일화가 되었다. 그 후 모기업인 통일그룹이 축구단 운영에서 손을 떼며 2014시즌부터 시민 구단으로 다시 태어났다. 팀명은 성남FC로 정해졌다. 연고지로 팀의 역사를 보면 서울→충남 천안→경기 성남으로 변천해왔으며, 팀명으로 역사를 보면 일화 천마→천안 일화→성남 일화→성남FC로 그 끈이 이어져온 것이다.

축구 팬들이 너무나 잘 알다시피, 성남은 일화 천마 창단 초기와 천안 일화 시절 하위권을 맴돈 것을 빼고는 늘 상위권에 있던 팀이었다. 1993년부터 1995년까지 3시즌 연속으로 K리그 정상을 차지했으며, 2001년부터 2003년까지 또 다시 리그 3연패를 이뤄냈다. 리그 3연패를 두 차례나 달성한 팀은 K리그의 34년 역사 속에서 성남이 유일하다. 그다음으로 거론할 만한 팀이 1998~1999시즌을 2연패한 수원과 2014~2015시즌 연속 우승을 차지한 전북 정도이므로, 사실 적절한 비교 대상이라고 하기도 어렵다.

TOYOTA
Panasonic
TOYOTA
AFC CHAMPIONS LEAGUE
Panasonic
NIKEFOOTBALL

게다가 성남은 2006년에 7회째 팀 우승을 달성하며 K리그 최다 우승 팀이 되었다. 이 부분에서도 아직 다른 팀들에 여유 있게 앞서 있다. 5회 우승을 한 서울과 포항, 4회 우승의 부산, 수원, 전북보다 몇 걸음 앞서 있으니 전통의 명가이자 K리그 역사상 최강의 팀이라 불러도 틀린 말이 아니다. 다만 2006년 이후 10년 가까이 우승 기록이 업데이트되지 않고 있다는 점, K리그 클래식 정상에 오른 시민 구단이 아직까지 한 팀도 없다는 점은 성남이 다시 정상에 오르는 게 현실적으로 힘들다는 말이 나오는 이유다. 하지만 K리그 시민 구단 최초로 아시아 챔피언스리그에 진출하는 등 과거의 DNA를 되살리고 있는 성남FC의 저력을 무시할 수는 없다.

성남을 빛낸 선수들은 너무나 많기에 커트라인을 높이 올려 냉정하게 선별해야 한다. 감독으로는 박종환 · 차경복 · 김학범 · 신태용 등을 꼽을 수 있겠다. 1989년 일화 천마의 창단 멤버를 이끌었으며, 약 25년 후 성남FC의 초대 감독으로 부임해 두 번이나 팀을 이끈 박종환 감독은 대표적인 성남맨이다. 비록 불명예스럽게 퇴진하기는 했지만, 그가 성남에 남겨놓은 위대한 유산이 많다는 건 누구도 부정할 수 없다.

1990년대 중후반 혼돈의 시기에 감독을 맡아 빠른 시간 내에 팀을 정상화시켰으며, 성남의 역사와 K리그 역사에 2연패를 남긴 차경복 감독도 축구 팬들이 기억하는 이름이다. 성남이 2004년 아시아 챔피언스리그 결승 2차전에서 사우디아라비아의 알 이티하드에 대패해 준우승에 그치고 채 2년이 지나지 않아 차경복 감독은 세상을 떠났다. 그는 세상을 떠나기 전까지 이 경기를 두고두고 잊지 못했던 것으로 전해져 팬들을 가슴 아프

게 만들었다.

　다음은 선수로나 감독으로나 유일무이의 업적을 남긴 신태용 현 국가
대표팀 코치다. 그는 데뷔 시즌 당당히 신인왕을 차지했고 약 13년간 성
남에서 원클럽맨으로 활약하며 리그의 갖가지 상을 휩쓸었다. 또한 K리
그 사상 최초로 MVP를 2회 수상한 전설적인 미드필더였다. 은퇴 후 약
5년 만에 자신이 몸담았던 성남에 감독으로 부임, 리그 상위권의 성적을

유지하며 2010 AFC 챔피언스리그 우승을 차지했다. 이로써 신태용은 선수와 감독으로 아시아 챔피언스리그 정상에 오른 유일한 축구인이 되었다.

현재 성남FC를 이끌고 있는 김학범 감독 역시 성남의 역사에서 빼놓을 수 없는 지도자다. 늘 연구하고 공부하는 감독으로도 유명한 그는, 전설적인 축구 감독 알렉스 퍼거슨에 빗댄 '학범슨'이라는 영예로운 애칭까지 가지고 있다. 팀이 재정적으로 여유롭지 않은 가운데서도 정예의 전력을 구축해 준수한 경기력을 선보인다. 일본의 감바 오사카와 중국의 광저우 푸리, 광저우 헝다를 상대로 2015 AFC 챔피언스리그에서 승리를 거두기도 했다. 김학범 감독이 보여준 전술의 힘 덕분이었다.

레전드 플레이어로는 과거의 신태용·고정운·신의손·이상윤·박남열·안익수·이영진을 꼽을 수 있고, 현재진행형인 선수로는 김두현·장학영·박진포를 꼽을 수 있다. 그밖에 김대의·김도훈·김상식, 잠시 '이성남'이라는 등록명으로 활약한 데니스·공격수 사샤(드라큘리치)와 수비수 사샤(오그네브스키)·이싸빅·모따·두두·몰리나도 성남에서 특기할 만한 실적을 남긴 선수들이다. 최근 들어 성남FC 최고의 스타로 떠오른 스트라이커 황의조는 성남 유스를 거치며 성장한 선수로 향후 클럽의 프랜차이즈 스타가 될 자질이 충분하다. 다른 K리그팀 혹은 중국, 일본, 중동 리그의 유혹에서 성남FC가 꼭 지켜내야 할 선수다.

탄천종합운동장

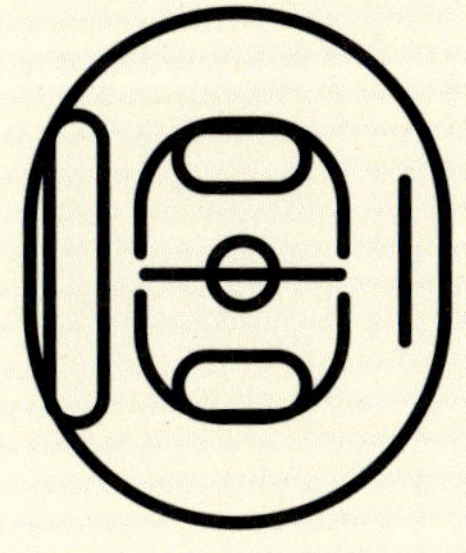

별칭 탄천요새
위치 경기도 성남시 분당구 탄천로 215 (야탑동)
교통 지하철 분당선 야탑역에서 도보 15분
  성남종합버스터미널에서 도보 15분
수용 인원 약 1만 6,200명
개장 2002년 4월

K리그의 역사 속에서 성남이 쌓아온 아성을 감안하면 다소 초라하기까지 한 종합운동장이다. 공식 명칭인 탄천종합운동장과 리버풀의 안필드를 엮어 '탄필드'라는 별칭이 잠시 돌았으나, '탄천요새'라는 이름을 새로 얻었다. 관전 시야는 무난하나 편의 시설은 다소 아쉽다. 착공 당시에는 시민과 동호인들을 위한 종합 체육 시설이었기에 프로 축구 경기장으로 활용될 거라고 생각하지 못했던 것 같다.

TICKET

좌석	일반석	VIP석	원정석
성인	10,000		12,000
청소년	6,000	20,000	7,000
어린이	4,000		5,000

2015시즌 기준/단위(원)

TRAVEL

성남아트센터(세계악기전시관)

2,000명에 가까운 관객을 수용할 수 있는 오페라하우스와 국내 최고급 음향 시설을 갖춘 클래식 콘서트홀, 연극, 뮤지컬 등이 열리는 앙상블시어터가 있다. 40여 개국의 악기 144점을 볼 수 있는 세계악기전시관은 무료다.

LOCATION 경기도 성남시 분당구 성남대로 808
TIME 10:00~17:00

코리아디자인센터

탄천종합운농장에서 나리 하나만 긴너면 나오는 코리아디자인센터도 잠시 시간을 보내기 좋은 곳이다. 전람회 등 디자인 관련 이벤트를 관람할 수 있으며, 각종 디자인 자료도 열람할 수 있다.

LOCATION 경기도 성남시 분당구 양현로 322 코리아디자인센터
TIME 10:00~18:00

율동자연공원(책 테마파크)

분당 저수지를 끼고 있는 대규모 쉼터인 율동자
연공원은 훌륭한 산책로다. 1999년에 문을 연
성남의 대표적 공원으로 자연과 어우러진 경관
이 운치 있다. 여러 곳의 잔디 광장과 체육 시설,
인공 암벽, 놀이터가 있어 주말 나들이에 좋다.

LOCATION 경기도 성남시 분당구 문정로 145
TIME 9:00~18:00

 **FOOD**

수타우동 겐

재일교포 3세 오너 셰프가 운영하는 우동집. 무
더운 여름에는 냉우동, 초봄과 늦가을에는 따끈
한 온우동을 먹어보자. 수제로 면을 뽑기 때문에
하루 300그릇 이상 만들지 않으니, 이 점에 주의
할 것.

LOCATION 경기도 성남시 분당구 야탑로 72 야탑시장 주차장
TIME 11:30~21:00
PRICE ・냉우동 10,000원 ・덴푸라우동 9,000원

부천

BUCHEON

서포터스의 힘으로 거듭나다

부천은 내가 독립해 서울에 집을 마련하기 전까지 30년 가까이 살았던 도시다. 부천종합운동장은 부천SK라는 팀을 매개로 나와 K리그를 이어 준 고마운 곳이며, 지금까지 사는 동안 가장 많이 다녀온 축구장이다. 아마 부천이라는 도시에 축구팀이 없었다면 나는 그저 월드컵, 아시안컵, 한일전에만 목을 매는 평범한 축구 팬으로 살았을지도 모른다. 부천의 축구가 아니었다면 늘 기대를 외면하는 기아 타이거즈에게서나 드문드문 즐거움을 찾으며 살아갔을 테니 이 도시에 고마운 마음을 가질 수밖에.

하지만 안타깝게도 부천종합운동장과의 인연은 내 마음과 달리 길게 가지 못했다. 갓 제대를 해 부천SK에 대한 애정과 관심을 키워볼 생각이었던 2006년 2월, 청천벽력과도 같은 소식을 두 귀로 듣고 말았다. 부천

SK가 공식 홈페이지 대문에 짧은 인사 몇 줄 남겨놓고는 제주도행 비행기에 오른 것이다. 부천과 김포공항이 워낙 가까워서였을까? 그들은 정말 쥐도 새도 모르게 제주도로 훌훌 떠나버렸다. SK축구단은 유카나 이효리보다 훨씬 더 서둘러 제주 라이프를 시작했다.

그렇게 매정히 떠난 연고지 팀 탓에, 부천종합운동장은 주인을 잃어버린 폐가 신세가 되었다. 축구전용구장은 아니지만 시야가 꽤 좋은 수용 인원 3만 5,000명의 경기장이 빈집으로 남은 건 너무나 안타까운 일이었다.

그러나 다행히도 부천에 축구가 돌아오는 데는 오랜 시간이 걸리지 않았다. 2007년 11월, 2년도 되지 않는 짧은 시간에 시민 구단으로 부활한 것이다. 부천SK의 갑작스런 연고 이전에 충격을 받은 부천 서포터스인 헤르메스 회원들이 서둘러 구단 창단을 위한 모임을 발족했고, 직접 발로 뛰며 기업 스폰서를 유치해 신생 구단으로 부천시와 연고지 협약을 맺은 것이다.

이것이 바로 부천FC 1995라는 팀의 탄생 비화다. 공식 구단 명칭에 1995라는 숫자가 들어간 것은 부천SK의 전신이었던 유공 코끼리의 PC통신 팬클럽이 만들어진 해가 1995년이기 때문이다. 부천의 헤르메스를 시작으로 한국 프로 축구에 서포터스 문화가 1995년에 도입되었고, 훗날 이들이 국가대표팀 서포터스인 붉은악마의 초기 멤버가 되었으니 축구를 사랑하는 사람들이 모여 만든 팀의 이름으로는 그만이다.

그렇게 시민 구단으로 다시 태어난 부천은 과거 5년간 사용했던 부천종합운동장을 홈구장으로 되찾았다. 부천종합운동장은 2001년에 완공

우리는 ★ 죽을때까지부천!!
부천준비됐나?
당신을 위해우린
죽을준비가됐다
daumkakao daumkakao
순천향대학교 부천병원
한국만화영상진흥원
하이엔텍

된 비교적 신식 경기장인데, 외관은 1988년 서울올림픽의 주경기장이었던 잠실종합운동장과 굉장히 닮았다. 구장의 별칭은 서포터스의 이름을 딴 헤르메스 캐슬.

이곳은 지하철 1호선 소사역에서 약 2킬로미터, 7호선 부천종합운동장역에서는 정말 코앞이다. 접근성이 엄청나게 좋다. 대중교통 접근성으로는 K리그 클래식·챌린지의 23개 경기장 중에서 최고라고 할 수 있다.

스타 플레이어 없이도 재미있는 축구를 할 수 있다!

시민 구단 부천FC 1995는 과거의 기업구단 부천SK의 역사를 계승하지 않는다. SK축구단이 부천SK의 역사를 넘겨줄 리도 없을뿐더러 부천FC 역시 굳이 아픈 과거를 떠안을 생각이 없기 때문이다. 부천SK의 역사는 같은 모기업에서 출발한 제주 유나이티드가 이어받았다. 부천FC의 역사는 공식 창단 후 처음으로 공인된 리그에 속해 경쟁을 시작한 2008년부터다.

부천은 창단 다음 해인 2008년부터 아마추어리그인 K3리그(챌린저스리그)에 참여했고, 이후 5시즌을 치렀다. K3 소속으로 경기에 임하면서도 늘 한 단계 위의 아마추어리그인 내셔널리그 진입을 모색하는 운영을 해왔다. 그러던 중 한국 프로 축구에 2부 리그가 출범하게 되었고, 1·2부 팀 사이에 승강제가 도입된다는 소식이 들려오자 방향을 바꾸었다.

2012년 겨울, 프로화를 선언하면서 이듬해 출범한 K리그 챌린지에 뛰어든 것이다. 순수하게 팬과 시민의 힘으로 창단된 아마추어 구단이 프로

팀으로 변신해 리그에 진입하게 된 것은 한국 프로 축구 사상 아니 대한민국의 모든 프로스포츠 역사상 최초의 일이다. 2013년 첫 시즌에는 8개 팀 중 7위에 그쳤고, 2014시즌에는 10개 팀 중 최하위에 머물렀으나, 2015시즌에는 중위권에 랭크되며 가능성을 보였다.

부천FC 1995가 부천SK의 역사를 잇지 않는 탓에, 과거 부천에 몸담았던 선수들을 과연 부천의 레전드로 언급해야 할지, 아니면 제주 유나이티드의 올드보이로 이해해야 할지 난감하다. 하지만 지난 2001시즌부터 2005시즌까지 부천SK 소속으로 헤르메스 캐슬에서 활약했던 선수들은 부천의 레전드로 간주해도 문제될 것이 없다는 게 나의 생각이다.

이 시절 부천은, 러시아의 명감독 발레리 니폼니쉬의 영향으로 짧은 패스에 기반을 두고 짜임새 있는 플레이를 펼치는 팀이었다. 패스를 간결하게 이어가며 상대의 빈 공간을 공략하는 부천의 미드필드 플레이는 대체적으로 세밀함이 떨어지고 거칠었던 다른 K리그 팀과는 꽤 큰 차이가 있었다. 부천FC는 스타 플레이어가 없어도 재미있는 축구를 할 수 있다는 것을 보여주었다.

2001~2005시즌에 부천의 검붉은 유니폼을 입었던 선수 중 축구 팬들에게 알려진 이름은 다음과 같다. 현재 제주 유나이티드 감독으로 SK축구단과 연을 이어가고 있는 수비수 조성환, 국가대표 출신 수비수 이임생과 강철, 가끔씩 중요한 공격 포인트를 올려주었던 미드필더 윤정춘과 남기일(현 광주FC 감독), 특급 조커 이원식, 훗

경기권

날 부천FC의 감독을 지내기도 한 스트라이커 곽경근, 독특한 모자와 두건 패션으로 주목받았던 골키퍼 이용발.

2000년 시드니 올림픽팀에서 이동국과 투톱 파트너를 이뤘던 최철우도 부천의 마지막 시기를 함께 한 선수다. 또한 부천 선수 중 유일하게 거스 히딩크 감독의 눈에 띄어 2002 한일 월드컵에서 맹활약을 했던 이을용, 아프리카 말리의 귀족 스트라이커 다보, 우루과이 국가대표 출신 플레이메이커 샤리 역시 재미있는 경기를 연출한 훌륭한 자원이었다. 많은 이들이 현 울산 현대 감독인 '제리' 윤정환의 부천 시절을 기억하는데, 그가 절정의 기량을 뽐냈던 건 1990년대 후반 목동종합운동장에서의 일이다.

K리그 챌린지 소속팀이 대개 그렇듯, 부천 역시 선수의 이적이 워낙 잦고, 해를 넘겨 재계약을 하는 경우가 거의 없어 레전드 칭호를 얻을 만한 선수를 쉽게 찾기 어렵다. 그럼에도 현재 부천FC 1995를 대표하며 꾸준히 공격 포인트를 올려주고 있는 공민현은 향후 팀의 레전드가 될 가능성이 있는 선수다. 일본 J2리그로 떠났지만, 2시즌 동안 리그에서 좋은 활약을 보여준 브라질 스트라이커 호드리고도 기억에 남는 플레이어다.

부천종합운동장

별칭　헤르메스 캐슬
위치　경기도 부천시 원미구 소사로 482 (춘의동)
교통　지하철 7호선 부천종합운동장역에서 도보 5분
　　　지하철 1호선 소사역에서 버스로 15분
수용 인원　약 3만 5,000명
개장　2001년 3월

2001년부터 2005년까지 부천SK가 홈구장으로 사용했고, 2013년부터는 K
리그 챌린지의 부천FC 1995의 홈경기가 열리고 있다. 인근에 있는 원미산에
서 내려다보이는 스타디움의 전경은 정말 잠실종합운동장을 쏙 빼닮았다.
경기장 내부를 비롯해 인근 네 곳에 작은 박물관이 있어서 축구 경기 전후로
잠시 시간을 보내기 매우 좋다.

TICKET

좌석	일반석	원정석
성인	7,000	
청소년	3,000	10,000
어린이	1,000	

2015시즌 기준/단위(원)

유럽자기박물관

부천종합운동장에서 걸어서 2~3분 거리에 있다. 이곳은 일본에서 귀화한 복전영자 관장이 기증한 1,000점에 가까운 자기를 전시하고 있다. 독일, 프랑스, 영국, 덴마크, 체코 등 유럽의 전통 자기는 물론이고 크리스털 소품, 앤티크 가구와 액자 등 여러 예술품을 가까이서 볼 수 있다. 아름다운 유럽식 다이닝룸을 배경으로 사진을 찍을 수도 있다.

LOCATION 경기도 부천시 원미구 소사로 482 부천종합운동장 내부
TIME 9:00~18:00
PRICE ·일반 1,500원 ·중고생 1,000원

부천자연생태공원

부천종합운동장에서 조금 떨어진 곳에 있다. 가볍게 산책하기 좋은 공원이다. 축구장과 공원 사이에는 음식점이 꽤 있어 식사 시간 전후로 둘러보면 좋다.

LOCATION 경기도 부천시 원미구 길주로 660 농산지원사업소(부천식물원)
TIME 10:00~18:00

한국만화박물관

부천영상문화단지 안에 있다. 옛 만화부터 오늘날의 웹툰까지 한국 만화의 시작부터 현재까지 한눈에 확인할 수 있는 곳이다. 다양한 테마의 기획전이 열리며, 애니메이션 상영관, 기획 전시관, 체험 전시관, 전문 자료실 등 시설도 다채롭다.

LOCATION 경기도 부천시 원미구 길주로 1
TIME 10:00~18:00
PRICE 5,000원

안중근공원

이곳은 원래 평범한 근린공원이었으나, 2009년 10월 안중근 의사의 의거 100주년을 기념해, 부천시의 자매 도시인 중국 하얼빈시에 세워져 있던 안중근 의사 동상을 옮겨온 뒤로 안중근 공원이 되었다.

LOCATION 경기도 부천시 원미구 중1동 1169

 **FOOD**

스시와인그릴 

초밥 뷔페와 비슷한 가격으로, 더 두툼하고 튼실한 초밥을 먹을 수 있어 무척 만족스럽다.

LOCATION 경기도 부천시 원미구 석천로 177번길 31
TIME 11:00~23:00
PRICE • A세트 10,000원 • B세트 15,000원

안양

ANYANG

서포터스의 응원 열기는 국내 최정상급

한때 한국에서 가장 축구 열기가 뜨거웠던 경기장을 몇 개 꼽으면, 안양 종합운동장은 그 안에 여유롭게 들어갈 것이다. 군이 수치화된 데이터를 일일이 열거할 필요도 없을 것이다. 부산구덕운동장과 안양종합운동장은 1990년대 그야말로 열광적이었던 K리그의 대표적 스타디움이었다. 지금도 안양종합운동장하면 관중석 곳곳을 붉게 물들이고 그라운드에 자욱한 연기를 내뿜었던 안양 서포터스의 홍염을 떠올리는 이들이 많다.

안양 LG치타스의 강성強性 서포터스는 안양종합운동장을 마치 축구의 성지처럼 뜨겁게 달구었다. 터키나 아르헨티나의 축구장을 연상케 하는 열기가 가득했다. 특히 팀의 모기업이 가진 경쟁의식 탓에 자연스럽게 라이벌 구도가 형성되었던 수원 삼성 블루윙즈와의 '지지대 더비(FC서울과 수원 삼성이 대결하는 슈퍼매치의 초석이 된 라이벌전)’에서는 그 치열함이 몇 곱절 늘어나 크고 작은 충돌이 제법 자주 일어났다. 선수들은 물론 코칭 스태프까지도 신경전과 몸싸움을 벌였고, 양 팀의 서포터스는 경기장 바깥에서 축구가 아닌 다른 방식으로 2차전을 벌이기도 했다.

하지만 그렇게 축구 하나로 뜨겁게 타올랐던 안양종합운동장도 몇 년 후 빈집 신세를 모면할 수 없었다. 2004시즌 개막을 앞둔 어느 날 안양 LG가 부지불식간 서울월드컵경기장으로 이사를 가버렸고, 명패도 FC서울로 고쳐 단 것이다. 안양종합운동장은 또 한 번 주인을 떠나보냈다. 연고지 개념이 지금에 비해 상당히 희박했던 1980년대 후반의 일이지만 제주 유나이티드의 전신 유공 코끼리가 이곳의 첫 주인으로 3년여 간 머문 적이 있었다.

그 후 안양 LG치타스가 새로 입주하기 전까지 약 6년 동안 안양종합운동장에는 주인이 없었다. 안양LG는 이곳에서 남부럽지 않은 화양연화花樣年華를 써내려갔으나 역시 7년여 만에 커다란 새집을 찾아 서울로 떠났고, 안양종합운동장은 다시 텅 빈 그라운드로 남게 되었다. 하지만 주인도, 집도 여러 번 바뀌면서 얽히고설키는 것이 프로스포츠의 생리 아니겠는가? 10년 가까운 시간이 지나서야 안양에 다시 안양 이름을 가진 팀이 돌아왔으니 그것이 바로 지금의 FC안양이다.

안양종합운동장은 경기도 안양시 동안구 비산3동에 위치한 종합스포츠단지로 축구와 육상 경기가 가능한 주경기장 외에 실내 체육관, 아이스 링크, 수영장, 보조 경기장 등으로 구성되어 있다. FC안양은 그중 주경기

장을 홈으로 쓴다. 그밖에 프로농구 안양KGC 인삼공사가 실내체육관
을, 아이스하키팀 안양 한라가 아이스링크를 홈구장으로 사용하고 있다.
인구 60만의 도시에 2개의 프로스포츠팀과 1개의 세미프로팀이 있다는
것이 꽤나 놀랍다.

안양종합운동장의 별칭은 아워네이션Our Nation이다. 언제부터 이 별칭
이 쓰이기 시작했으며 정확히 어떤 뜻을 담고 있는지는 알 수 없다. '축구

로 살아가는 우리의 나라' 정도로 그 뜻을 짐작할 수 있지 않을까? 안양 LG치타스가 이곳을 홈구장으로 쓰기 시작한 것이 1996년이었고, 당시 태동했던 홍대 인디 신에서 펑크록 앨범 〈아워네이션〉이 발매된 것도 1996년인 것으로 미루어보아 경기장의 별칭과 이 둘을 연관지어 볼 수도 있겠다. 힙합이 농구에 잘 어울리는 음악이라면 로큰롤만큼 축구와 잘 어울리는 음악이 없으니 말이다.

과거의 열기와 명성, 역사에 비해 안양종합운동장의 외관은 상당히 남루하다. 아워네이션도 이제 서른 줄에 접어들었으니 K리그 경기장 중에서는 제법 고령이기는 하나, 세계적인 축구장들에 비하면 아직 젊고 창창한 나이인데 시설이나 분위기는 실제 나이 이상으로 겉늙었다. 내가 가본 경기장 중 가장 오래된 경기장인 우루과이의 센테나리오 스타디움과 비슷한 연령대로 느껴진다. 우루과이 몬테비데오의 경기장은 1930년에 지어졌고, 안양종합운동장은 1986년에 지어진 것임에도 액면가가 비슷하다. 당장 재건축은 어렵겠지만 아워네이션이 더 좋은 '나라'로 거듭나기 위해서는 리모델링이 시급할 것이다.

안양종합운동장은 관중석 스탠드에 지붕이 없는 곳이 대부분이라 비가 오는 날에는 경기 관전이 상당히 불편하다. 정확한 비율은 모르겠지만, 아마 1만 7,100여 좌석 중 비를 피할 수 있는 공간은 1,000석 정도밖에 안 될 것이다. 비가 오는 날 아워네이션을 찾는다면 우산이나 비옷을 준비해야 한다.

시민의 염원 속에 10년 만에 부활하다

FC안양은 LG치타스가 안양을 떠난 후 약 10년 만에 시민 구단으로 다시 태어난 신생팀이다. LG치타스의 안양 시절은 FC서울의 역사로 간주하기에, FC안양은 LG치타스의 어떠한 기록도 승계하지 않는다. 안양을 연고지로 삼는 점이 같을 뿐, 두 구단 사이에는 어떠한 인연도 없다. 안양에 팀이 다시 생기기까지 10년 가까운 시간이 필요했다. 성남은 성남 일화의 해체 이후 바로 시민 구단으로 전환되어 리그에서 이탈하는 일이 없었고, 비슷한 아픔을 겪은 부천은 2년이 채 되기도 전에 아마추어 시민 구단을 만들었지만, 안양은 시간이 오래 걸렸다.

오랜 기간 지지부진하던 시민 구단 창단 작업은 2012년 들어 급물살을 타며 빠르게 뼈대를 잡아갔다. 내셔널리그에 속해 있던 실업팀 고양KB국민은행이 해체하면서, 갈 곳이 없어진 선수단과 코칭스태프 일부를 FC안양이 창단 멤버로 영입했기 때문이다. 그렇게 스쿼드의 큰 틀을 잡은 안양은 2013년 2월 공식적인 창단 선언을 하고, 시민들의 지지에 따라 구단의 공식 명칭을 FC안양으로 확정지었다. 당시 경쟁을 벌였던 이름으로는 '안양시티FC'와 '안양레드FC' 등이 있었다.

그 후 안양시를 상징하는 보라색을 팀 컬러로 삼아 엠블럼과 유니폼을 만들며 창단 작업을 마무리했고, 그해 출범한 프로 축구 2부 리그 K리그 챌린지의 원년팀이 되었다. FC안양은 새로 태어난 소규모 시민 구단이지만, 역사가 오래된 팀이나 재정적으로 풍족한 팀들에 뒤지지 않을 만큼 멋지고 세련된 엠블럼과 유니폼을 갖고 있다.

ANYANG
Felico
CLUB
KB국민은행
ANYANG
PRICE

RED ZONE
TIVOLI
BORN VIOLET
You Go! We Go!
ONLY FOR ANYANG

2
3
소년 아카데미 FC안양 유소년 아카데미
유소년 아카데미 문의 031)476-5566
academy.fc-anyang.com
ANYANG

FC안양은 아직까지 두터운 선수층과 스타 플레이어를 확보하지 못해 리그에서 두각을 나타내지는 못하고 있다. 2013시즌에는 8개 팀 중 5위, 2014시즌에는 10개 팀 중에서 5위를 기록했다. 2015시즌에는 11개 팀 중 6위에 머물렀다. 최하위권에 속한 적은 없지만, K리그 클래식 승격이 가능한 플레이오프 진출권에 진입하지도 못했다. 2016시즌에는 중위권을 벗어날 수 있을지 기대해본다.

워낙 짧은 역사를 가진 팀이기에 레전드 플레이어로 꼽을 만한 선수가 많지 않다. FC안양의 3시즌을 모두 함께한 가솔현·정재용·조성준·주현재는 향후 레전드가 될 만한 능력이 있다. 팀에서 가장 경험이 풍부한 선수들로는 김영후·이슬기·안성빈·유종현을 들 수 있다. 팀에 머물렀던 선수 중 가장 이름값이 높았던 선수는 창단 후 2시즌 동안 유니폼을 입었던 국가대표 출신 남궁도다.

지금의 FC안양과는 무관하나 과거 안양 시민들과 축구 팬들에게 많은 사랑을 받았던 안양 LG치타스(1996~2003년)의 스타 플레이어로는 최용수·이상헌·신의손·이영표·최태욱·김동진·최원권·박용호·안드레·히카르도·김치곤·정조국이 있다.

안양종합운동장

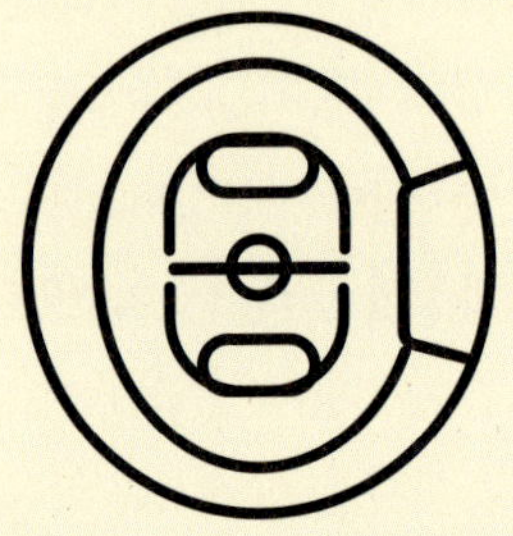

별칭 아워네이션
위치 경기도 안양시 동안구 평촌대로 389 (비산동)
교통 지하철 4호선 범계역에서 버스로 15분
　　　 지하철 1호선 안양역에서 버스로 30분
수용 인원 약 1만 7,100명
개장 1986년 6월

K리그의 대표적 올드 스타디움이다. 1996년부터 2003년까지 안양 LG치타스가 홈구장으로 사용했다. 당시 프로 축구의 메카로 여겨질 만큼 많은 관중이 몰렸다. 그 후 10년 가까이 주인이 없었으나, 2013년부터 시민 구단 FC안양의 홈그라운드가 되었다. 종합경기장 중에서도 그라운드와 관중석의 거리가 먼 축에 속해 관전에 아쉬움이 있으며, 30년이나 된 만큼 시설도 다소 노후한 편이다. 관전 환경에 비해 입장료가 비싼데, 특히 1만 5,000원으로 책정된 성인 원정석의 금액은 조금 지나치다.

TICKET

좌석	일반석	원정석
성인	10,000	15,000
청소년	5,000	8,000
어린이	3,000	5,000

2015시즌 기준/단위(원)

TRAVEL

안양사

안양시 만안구 삼성산에 있는 절이다. 커다란 미륵불상, 멋스러운 대웅전의 단청으로 유명하다. 이 절 이름에 안양이라는 지명의 기원이 있는 것으로 본다. 태조 왕건이 삼성산 부근에서 만난 한 승려의 말을 듣고 안양사를 세웠다는 이야기가 전해 내려온다.

LOCATION 경기도 안양시 만안구 예술공원로 131번길 103

김중업박물관

안양사의 옛터에 세워진 김중업박물관은 한국의 세계적 건축가 김중업을 기리는 공간으로, 박물관은 과거 그가 직접 설계했던 공장 건물에 들어서 있다. 그는 대한민국의 1세대 건축가로 올림픽공원 평화의 문, 프랑스대사관, 구 한국미술관이 그의 대표작이다.

LOCATION 경기도 안양시 만안구 예술공원로 103번길 4
TIME 9:00~18:00

안양예술공원, 석수동 마애종

김중업박물관 옆을 흐르는 삼성천을 따라 10분 정도만 걸으면 안양예술공원에 닿는다. 안양예술공원과 김중업박물관의 중간쯤에는 석수동 마애종이라는 문화재가 있다. 마애는 암벽에 새겨진 글씨나 그림을 뜻하는데, 석벽에 그려진 종은 전국에서 이것이 유일하다고 한다.

LOCATION 경기도 안양시 만안구 석수동 산21

안양 1번가(리버풀펍)

안양에는 1번가로 불리는 번화가가 있다. 서울의 명동이나 부산의 광복동 거리에 비견할 수 있는 젊은이의 거리다. 이곳에 축구 팬들에게 꼭 추천해줄 만한 특별한 펍이 하나 있다. 가게 간판에 'YOU'LL NEVER DRINK ALONE'이라는 문구가 쓰여 있는 리버풀펍이 그곳이다. 이곳은 제법 외국의 스포츠펍과 비슷한 분위기가 난다. 다트와 축구 게임을 즐길 수 있고, 5~6종의 생맥주를 맛볼 수 있다는 것이 매력적이다.

LOCATION 경기도 안양시 만안구 안양1동 674-257
TIME 18:00~03:00

관악관

안양종합운동장에서 5분 정도 떨어진 곳에 있는 3대째 이어져 내려오는 냉면집
이다. 평양냉면 특유의 심심한 육수 맛을 즐기지 않는 이들에게도 추천할 만하
다. 시원한 육수도 좋지만, 특히 잘 제분된 메밀면의 맛과 식감이 매우 훌륭하다.

LOCATION 경기도 안양시 동안구 평촌대로 367
TIME 10:00~22:00
PRICE ・평양냉면 8,000원 ・비빔냉면 9,000원

안산

ANSAN

축구가 슬픔을 치유할 수 있다면…

2014년 4월 16일, 아직도 많은 사람들이 그날의 아픔을 잊지 못하고 있다. 2년 가까운 시간이 흘렀으나 그 슬픔, 그 억울함, 그 안타까움을 누가 달랠 수 있을까? 아직도 안산의 곳곳은 시간이 그대로 멎어 있다. 오랜만에 안산을 찾은 나는 거리를 걸으며 제법 옅어졌지만 여전히 깊게 배어 있는 슬픔의 정서를 마주한다. 잊히지 않는 그리고 쉽게 잊어서는 안 될 크나큰 비극을 겪은 사람들에게 축구라는 것이 어떤 의미가 있을까 질문을 던져보는 일조차 조심스럽다. 하지만 2015년 안산의 프로배구팀 OK저축은행이 우승을 차지하며 도시에 작은 생기를 불어넣었던 것처럼, 축구 역시 안산에 자그마한 기쁨과 위안을 주었으면 하는 바람으로 경기장을 찾았다.

2015시즌 K리그 올스타전이 안산에서 열린 것은 매우 좋은 결정이었다. 지금까지 올스타전은 대부분 서울에서 열렸는데, 앞으로는 K리그 클래식·K리그 챌린지의 모든 홈구장에 올스타전 개최 기회를 줘야 하지 않을까? 미국 프로야구 메이저리그, 프로농구 NBA의 올스타전처럼 많은 지역이 유치 의사를 표명하고 경쟁을 통해 개최지가 결정되는 방식이 좋을 것 같다. 리그 순위 최하위팀이나 평균 관중 최하위팀에서 올스타전을 개최해 해당 지역에 붐을 조성하는 것도 좋겠다. 2008년 NBA 올스타전이 허리케인으로 큰 피해를 입었던 뉴올리언스에서 열렸던 것처럼 특수한 지역에 도움을 주는 개최지 선정 방식도 괜찮겠다.

올스타전의 방식은 매해 크고 작은 변화가 있었는데, 개인적으로는 1995년처럼 한국인 올스타와 외국인 올스타의 매치업이 볼 만했다. 최근의 벌어진 올스타전은 엄청나게 많은 골이 터졌지만 정작 승부를 가르는 재미는 반감되고 있는데, 한국인 올스타와 외국인 올스타가 승부를 겨루면 더 경기가 치열해지지 않을까? K리그에서 활약하는 외국인 선수들의 실력을 확실하게 체감할 수 있는 기회도 된다.

K리그 클래식과 K리그 챌린지가 따로 올스타전을 치르는 것도 좋을 것 같다. 두 경기가 같은 날에 열려도 괜찮을 것이다. 예를 들어 챌린지 올스타전은 낮 3시에 열고, 클래식 올스타전은 잠시 준비 시간을 가진 뒤 이른 저녁 6시쯤 열면 어떨까? 프로야구의 퓨처스게임과는 성격이 좀 다르지만, 2부 리그인 챌린지팀과 선수들도 올스타전을 통해 연고지 팬, 미디어와 친밀도를 높이는 계기를 가졌으면 하는 바람이다.

다시 안산으로 넘어와 경기장 이야기를 해보자. 2006년 11월 개장한 안산 와~ 스타디움은 준수하게 잘 만들어진 종합운동장이다. 3만 5,000명의 관중 수용 능력이 있고 천연 잔디 축구장과 육상 경기 시설이 있는 다목적 스타디움이다. 국내 경기장 중 브랜드네임을 도입한 최초의 경기장으로도 유명하다. 와~ 스타디움의 '와~'는 스포츠 경기장에서 들리는 관중의 함성을 뜻하며, 국내외 방문객이 안산을 꼭 찾아달라는 의미를 담고 있기도 하다. 공식 표기는 '안산 와~ 스타디움'으로 물결표가 꼭 들어간다.

개장 첫 경기로 한국과 우즈베키스탄 올림픽대표팀의 대결이 펼쳐진 이래 다양한 스포츠 이벤트가 열렸으며, 2014 인천아시안게임의 일부 경기를 분산 개최하기도 했다. 현재 고양시를 연고지로 삼고 있는 고양 자이크로FC의 전신인 안산 할렐루야가 내셔널리그에 속해 있을 때(2007~2012년) 이곳을 홈구장으로 사용했다. 2014년에는 K리그 챌린지팀 중 유일하게 연고지가 없던 경찰청 축구단이 안산시와 연고 협약을 맺고 와~ 스타디움의 새 주인이 되었다. 처음 2년의 연고지 계약을 맺었으나, 지난해 1년 더 계약을 연장해 2016시즌까지는 경찰청 축구단이 계속 홈구장으로 사용한다.

지하철 4호선 고잔역에서 내려 지하보도로 돌아가면 10분 내로 경기장에 도착한다. 역에 내리자마자 왼쪽 건너편으로 시선을 돌리면 제법 웅장한 스타디움의 모습이 눈에 들어온다. 부천종합운동장이 잠실종합운동장을 축소한 꼴이라면, 안산 와~ 스타디움은 대구스타디움의 모습을 빼다 박았다. 지붕이 조금 작다는 게 다를 뿐이다.

경찰복을 입은 축구단

경찰청 축구단은 경찰대학의 부설 기관인 무궁화체육단에 소속된 팀이다. 1996년에 창단된 경찰 축구단이 전신이다. 프로팀으로 전환하기 전까지 다수의 전국 실업 축구대회에서 좋은 성적을 올렸으며, K리그의

2군 리그 격인 R리그에서 경쟁해왔다.

2013년 출범한 K리그 챌린지에 합류했으나, 연고지를 구하지 못해 모든 경기를 어웨이 게임으로 치르는 어려움을 겪었다. 2014시즌부터는 안산시와 연고 협약을 맺고, 안산 경찰청 축구단으로 운영해오다 2016시즌을 앞두고 팀명을 안산 무궁화FC로 바꾸었다. 상무 축구단이 10년 정도 먼저 프로리그에 입성한 반면, 줄곧 실업 축구대회에서 경쟁을 했던 경찰청 축구단은 정상급 플레이어 영입이 쉽지 않았다. 그러다가 2011시즌을 앞두고 입단한 국가대표 출신 미드필더 김두현 덕분에 프로 선수들이 상무 외에도 경찰청이라는 선택지를 고려하게 되었다.

이듬해인 2012시즌에는 염기훈 · 양동현 · 배기종 · 김영후 등 K리그에서 이름을 날렸던 선수들이 대거 입단했고, 2013시즌부터 프로 2부 리그인 K리그 챌린지에 참가할 수 있게 되자 경찰청에 입대하려는 선수들이 기하급수적으로 늘어 경쟁률이 상당히 높아졌다. 그 후 오범석 · 양상민 · 정조국 · 이용래 · 서동현 · 박현범 · 유현 · 박희도 등 굵직굵직한 선수들이 경찰복을 입었다. 2016시즌에 활약할 선수로는 신광훈 · 신형민 · 정혁 · 강승조 등의 선임 멤버들과 남준재 · 김동섭 · 한지호 · 이현승 · 황도연 등의 후임 멤버가 있다.

사실 상주 상무와 안산 무궁화FC를 진정한 프로팀으로 분류할 수 있느냐 하는 것은 축구 팬 사이에서도 의견이 많이 갈리는 이슈다. 상주 상무와 안산 무궁화FC의 모든 상황과 환경이 비슷한 것은 아니지만, 병역 의무를 수행 중인 군인과 경찰 선수로 구성된 축구단이 프로리그에서 경쟁

한다는 것을 상식에 맞지 않게 느낄 수도 있기 때문이다. 하지만 누구나 쉽게 호오好惡, 가부可否, 찬반贊反의 뜻을 밝힐 수는 있어도 정답에 가까운 발전적 방향이 모색되기 전까지는 K리그의 로컬룰 정도로 너그러이 바라볼 필요도 있다고 생각한다. 세계 유일의 분단국가인 대한민국의 프로축구가 갖는 특수한 사정 정도로 말이다.

경기권

안산 와~ 스타디움

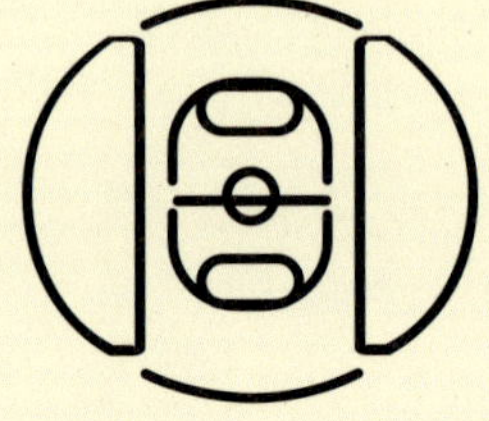

별칭 없음
위치 경기도 안산시 단원구 화랑로 260 (초지동)
교통 지하철 4호선 고잔역에서 도보 10분
수용 인원 약 3만 5,000명
개장 2006년 11월

2007년부터 2012년까지는 당시 내셔널리그에 속해 있던 안산 할렐루야(현 고양 자이크로FC)가 홈구장으로 사용했고, 2014년부터 안산 경찰청(현 안산 무궁화FC)의 홈그라운드가 되었다. 그라운드와 관중석의 거리가 꽤 멀지만 축구 관전에 큰 무리는 없다. 입장료는 좌석에 따른 차등 없이 전석 동일하며 매우 저렴하다.

TICKET

좌석	일반석
성인	5,000
청소년	3,000
어린이	2,000

2015시즌 기준/단위(원)

 **TRAVEL**

화랑유원지

화랑유원지는 같은 이름의 저수지를 품고 있는 복합 휴식 공간으로 레포츠와 나들이를 즐길 수 있는 근린공원이다. 널찍한 광장과 공연장, 어린이 교통 공원, 다양한 체육 시설이 마련되어 있다.

LOCATION 경기도 안산시 단원구 동산로 268
TIME 10:00~18:00

안산식물원

지하철 4호선 고잔역에서 두 정거장 뒤인 한대앞역에서 내려 조금 걸으면 나온다. 3개의 전시관과 야외 조경 시설을 갖추고 있으며 600종에 가까운 식물이 있다.

LOCATION 경기도 안산시 상록구 성호로 113
TIME 10:00~17:00

성호기념관

성호기념관은 안산이 배출한 위대한 학자 성호 이익의 생애를 기리고 업적을 널리 알리기 위해 2002년에 지어졌다. 기념관에는 그의 친필과 저서 등이 전시되어 있다. 기념관 인근에서 성호 이익의 묘역도 볼 수 있다.

LOCATION 경기도 안산시 상록구 성호로 131
TIME 9:00~18:00
PRICE ·성인 500원 ·청소년 300원 ·어린이 200원

단원미술관

조선을 대표하는 화가 김홍도를 기리는 단원미술관은 성호기념관에서 멀지 않은 곳에 있다. 단원미술관은 크고 작은 기획 전시가 열리는 3개의 전시관으로 구성되어 있는데, 김홍도의 작품은 영인본으로 상설 전시한다.

LOCATION 경기도 안산시 상록구 충장로 422
TIME 10:00~19:00
PRICE 상설 전시는 무료, 기획 전시는 유동적

 **FOOD**

노성일참치

단원구 고잔동에 있는 참치집이다. 맛있고 좋은 참치를 먹으려면 돈이 꽤 들지만, 이 곳은 질 좋고 맛있는 참치를 경제적인 비용으로 즐길 수 있다.

LOCATION 경기도 안산시 단원구 당곡로 33
안산프라움씨티오피스텔

TIME 11:30~00:30

PRICE • 점심: 참치회정식 13,000원
• 저녁: 일품 25,000원

고양
GOYANG

100만 도시 고양의 랜드마크

개인적인 느낌이지만, 내가 돌아본 21개 도시 중 프로 축구의 열기가 느껴지지 않는 도시가 몇 있었다. 그중에서도 축구와 거리가 가장 멀게 느껴진 곳은 고양 자이크로FC의 연고지인 고양이었다. 아무래도 베드타운으로 계획된 도시라는 배경에 영향이 있을 것이고, 약 10년간 고양에 머물렀던 내셔널리그팀 고양 KB국민은행이 해체되며 축구 붐이 단절된 영향도 있는 것 같다. 고양 시민에게 프로 축구와 고양 자이크로FC가 더 가까워지려면 시간이 좀더 필요한 듯했다.

그럼에도 과거 내셔널리그 강팀이었던 실업 축구단이 10년 가까이 존재했다는 것과, 전국 어디에 내놓아도 뒤질 게 없는 훌륭한 스타디움을 가지고 있다는 사실은 언제든지 축구 붐이 조성될 수 있는 확실한 밑바탕이라고 본다. 고양종합운동장은 2002 한일 월드컵을 위해 신축된 스타디움들과 포항, 광양, 인천 등의 축구전용구장을 제외하면, 전국 최고의 경기장으로 평가할 수 있다. 내부와 외부의 시설, 관전 환경, 수용 인원, 주변 교통 등 거의 모든 면에서 고양종합운동장보다 뛰어난 종합운동장을 찾기란 쉽지 않다.

인구가 100만 명이 넘는 도시답게 고양종합운동장의 수용 인원 역시 상당하다. 무려 4만 1,300여 개의 좌석이 설치되어 있다. 지하철 3호선 대화역에서 내려 5분 정도만 걸으면 경기장에 도착할 수 있는 것도 큰 매력이다. 최적의 관전 환경을 구축하기 위해 그라운드와 관중석 1~3층의 시야 곡선에 맞춰 설계했으며, 이에 따라 좌석을 배치했기에 육상 트랙이 있

는 종합운동장임에도 축구 관전에 불편함이 없다. 관중석의 60퍼센트 이상을 에워싸는 지붕이 마련되어 있어 국제대회 개최 요건을 충족하며, 28개의 거대한 기둥이 지붕을 지탱하며 늘어선 모습은 고양시의 랜드마크답다.

고양종합운동장은 아직 별칭이 따로 없는데, 기독교 색채가 있는 팀인 만큼 그 특성을 살려 개성 있는 별칭을 만들어도 좋겠다. 구약성경에 나오는 지상낙원 '에덴Eden'을 차용해 '풋볼에덴', '에덴 오브 풋볼' 같은 이름을 붙여도 괜찮을 것 같고, 고양시가 국제 꽃 박람회로 유명한 만큼 꽃과 연관 지어 '축구 정원'이라고 지어도 좋을 것 같다.

앞서 말했듯 고양종합운동장은 과거 내셔널리그 소속 고양 KB국민은행이 홈구장으로 썼다. 2003년부터 이곳에서 홈경기를 치렀던 고양 KB국민은행은 리그 최상위권 팀이었으나 2012년 모기업의 사정으로 해체되었다. 그 후 2012년 가을, 안산 H FC라는 이름으로 운영하던 축구단이 고양시와 연고 협약을 맺으며 프로화를 선언했고, 구단의 공식 명칭을 고양 Hi FC로 변경했다. 프로팀으로서 틀을 갖춘 고양 Hi FC는 이듬해 출범한 K리그 챌린지 2013시즌부터 고양종합운동장을 홈구장으로 쓰고 있다. 그 고양 Hi FC가 2016시즌 다시 한 번 이름을 바꿔 고양 자이크로 FC라는 이름으로 축구 팬들을 만난다.

40년 세월만큼이나 복잡한 역사

고양 자이크로FC의 역사는 간단히 정리하기 쉽지 않다. K리그 34년

역사 속에서 연고지, 모기업, 구단 명칭이 바뀐 구단은 부지기수지만, 고양 자이크로FC만큼 복잡한 구단은 정말 드물다. 아예 고양 시민 구단으로 새롭게 창단했다면 정리하기도 쉬웠을 텐데……. 어째서인지 고양 자이크로FC는 단절되었던 과거의 타임라인까지 모두 끌고 와 구단의 역사에 포함시켰다. 고양 자이크로FC는 1983년 출범한 K리그(당시 슈퍼리그) 원년 우승을 차지한 할렐루야 축구단의 역사를 계승하고 있다.

그러나 한국프로축구연맹은 이를 인정하지 않고 두 구단의 기록을 분

리하고 있다. 연맹은 고양 자이크로FC의 뿌리가 1999년 재창단한 내서
널리그팀 할렐루야에 있다고 본다. 즉 연맹은 할렐루야가 거머쥔 첫 번째
별을 고양 자이크로FC가 가슴에 옮겨 새기는 것을 허락하지 않고 있는 것
이다. 분명한 '사실'들이 남아 있기는 하지만, 그것들을 하나로 묶어 한 구
단의 역사로 볼 수 있느냐 없느냐 하는 해석에서는, 양자에 큰 차이가 있
다. 이 부분은 연맹과 구단의 조율이 필요할 것으로 보이는데, 고양 자이
크로FC의 홈페이지에는 클럽의 연혁이 정리된 페이지조차 없으니 조금
은 답답하다. 고양 자이크로FC는 역사를 새로 쓰든, 다시 쓰든, 고쳐 쓰든
일단 확실히 정리를 한 후, 연맹과 다시 의견을 나누는 것이 좋지 않을까?

　나는 1980년에 자그마한 뿌리가 남아 있는 것으로 간주하고, 고양 축
구단의 역사를 정리하겠다. 할렐루야 독수리 축구단은 1980년 창단되어
1998년 해체할 때까지 프로와 실업을 오가며 운영되었다. 이름에서 알
수 있듯 기독교 선교 목적으로 창단해 운영한 팀이었다. 할렐루야의 뒤를
이은 기독교 구단이 또 존재했는데, 바로 1983년 창단한 임마누엘 축구단
이다. 임마누엘은 약 10년간 운영되다가 1992년 이랜드 그룹에 인수되
어 이랜드 푸마라는 팀으로 다시 태어났다. 그러나 IMF 구제 금융 시기
에 해체된 여러 실업 축구단처럼 이랜드 푸마도 1998년 역사 속으로 사
라졌고, 선수단은 과거의 이름을 되살려 임마누엘 축구단으로 재창단했
다. 다시 태어난 임마누엘은 1998년 해체한 할렐루야의 일부 선수를 받
아들이며 스쿼드를 불렸고, 이듬해 할렐루야 축구단으로 공식 명칭을 변
경했다. 고양 자이크로FC의 역사를 쭉 나열하면 다음과 같다.

프로와 실업을 오가던 할렐루야(1980~1988년)와 실업 축구팀 임마누엘(1983~1998년, 약 6년 동안은 이랜드 푸마)이 하나로 합쳐진 할렐루야 축구단(1999~2003년), 연고지를 익산으로 확정한 할렐루야FC(2003~2004년), 김포로 연고지를 옮긴 김포 할렐루야FC(2004~2006년), 안산과 연고 협약을 새로 맺은 안산 할렐루야FC(2007~2011년), 구단명에서 할렐루야를 이니셜 H로 바꾼 안산 H FC(2012년), 2013년 K리그 챌린지 출범 시즌에 합류한 고양 Hi FC, 2016시즌을 앞두고 다시 한 번 이름을 바꾼 고양 자이크로FC까지! 한 구단인 듯, 한 구단 아닌, 한 구단 같은 고양 축구단의 40년 대소사를 글 몇 줄로 정리하려니 이렇게 힘이 든다. 성경에도 구약과 신약이 따로 있는데 할렐루야·임마누엘 축구단의 역사를 구약으로 남겨두고, 고양 자이크로FC(고양 Hi FC)의 역사는 신약으로 정리한다면 깔끔해지지 않을까 싶다.

팀의 레전드로는 30년 넘게 구단과 인연을 이어오고 있는 전 국가대표 미드필더 이영무 감독을 가장 앞에 세울 수 있겠다. 그밖에도 신현호, 박성화, 조병득 등의 국가대표 출신 선수들이 할렐루야에서 활약했다. 임마누엘을 인수한 이랜드 푸마 시절의 대표적 플레이어로는 훗날 수원의 레전드가 된 박건하가 있다. 이제 4년차를 맞는 구단의 스쿼드에서 가장 굵직한 경력을 가진 선수는 홍순학, 여효진, 이상돈, 안현식이다. 고양은 2016시즌을 앞두고 브라질 선수를 새롭게 영입하는 등 스쿼드의 절반 이상을 새 얼굴로 바꾸었다. 그중에는 2015년 화제를 모은 텔레비전 프로그램 〈청춘FC 헝그리 일레븐〉에 등장한 남하늘 선수도 있다.

고양종합운동장

별칭 없음
위치 경기도 고양시 일산서구 중앙로 1601 (대화동)
교통 지하철 3호선 대화역에서 도보 5분
수용 인원 약 4만 1,300명
개장 2003년 9월

2002 한일 월드컵을 앞두고 지어진 스타디움과 축구전용구장을 제외하면 최고의 시설을 자랑한다. 2007년 FIFA U-17 월드컵이 개최된 곳이며, 월드컵 예선 등 다수의 A매치가 열렸다. 2000년대 초반부터 약 10년간 내셔널리그팀 고양 KB국민은행이 홈구장으로 사용했으나, 지난 2013년부터는 K리그 챌린지의 고양 자이크로FC가 새 주인이 되었다.

TICKET

좌석	E/N/S 일반석	W 테이블석
성인	9,000	
청소년	5,000	20,000
어린이	3,000	

2015시즌 기준/단위(원)

 **TRAVEL**

고양시 호수공원

고양시 호수공원은 약 30만 제곱미터의 면적을 가진 아시아 최대의 인공 호수를 내부에 품고 있다. 이곳에서는 세계 40개국 이상이 참석하는 고양 국제 꽃 박람회도 열린다.

LOCATION 경기도 고양시 일산동구 호수로 595
TIME 06:00~23:00

아쿠아플라넷 일산, 원마운트

호수공원에서 고양종합운동장 방면으로 가다 보면 지상 4층으로 된 수도권 최대 규모의 수족관 아쿠아플라넷 일산과 스노파크와 워터파크가 결합된 테마파크 원마운트가 나온다. 아이가 있는 가정이라면 그냥 지나치기 힘들 것이다.

LOCATION 경기도 고양시 일산서구 한류월드로 282
TIME 10:00~19:00

킨텍스 KINTEX

킨텍스는 국내 최대 면적의 컨벤션 센터로 국내외 기업의 비즈니스 현장인 동시에 다양한 이벤트와 박람회를 즐길 수 있는 복합문화공간이다.

LOCATION 경기도 고양시 일산서구 한류월드로 408
TIME 10:00~18:00

증권박물관

스위스에 이어 세계에서 두 번째로 만들어진 증권 전문 박물관이다. 이곳에서는 400년의 세계 증권 역사와 100년의 한국 증권 역사를 엿볼 수 있으며 역사적 의의가 있는 국내외 증권이 300점 이상 전시되어 있다.

LOCATION 경기도 고양시 일산동구 호수로 358-8 한국예탁결제원
TIME 10:00~17:00

FOOD

라페스타, 웨스턴돔

호수공원 주변에는 국내 최초의 스트리트형 쇼핑몰 라페스타와 돔 형태의 쇼핑몰 웨스턴돔이 있어 식사와 쇼핑을 단번에 끝낼 수 있다.

LOCATION 경기도 고양시 일산동구

강원권

GANGNEUNG

강릉

GANGNEUNG

'감자 누'의 리모델링이 반갑다!

2008년 12월 창단한 강원 도민 프로 축구단 강원FC는 지금까지 4곳의 경기장에서 홈경기를 치러왔다. 강릉종합운동장, 춘천송암레포츠타운 주경기장, 원주종합운동장, 속초종합운동장 등 도내 4곳의 스타디움을 돌며 홈경기 일정을 소화해온 것이다. 2015시즌에는 속초에서 주로 홈경기를 갖고, 춘천과 원주에서 두어 경기를 나눠 열었다. 전국체전의 메인 스타디움이었던 강릉종합운동장의 전면적인 리모델링이 불가피했기 때문이다.

전국체전으로 인한 공사이기는 했지만, 그로 인해 강원FC는 2016시즌부터 한결 좋아진 경기장에서 홈경기를 치를 수 있었다. 물론 홈경기의 모든 일정을 강릉에서 소화하게 될지는 미지수지만 상당수의 경기가 이곳에서 치러질 것으로 보인다. 추측하건대 강릉에서 주로 홈경기를 갖고 다른 지역에서 일부 경기를 분산·소화하지 않을까 싶다. 사실 이러한 방식의 홈경기 운영은 극명한 일장일단이 있다.

홈경기 분산 개최의 장점은, 도민 구단이라는 아이덴티티에 최적화된 운영이라는 점이다. 강원도라는 이름을 내건 프로 축구팀이 도내의 한 도시에서만 1년 내내 모든 홈경기를 치른다는 것은 타 도시의 시민이나 축구 팬들에게 불편한 감정을 야기할 수 있기 때문이다. 그런 면에서 4개의 지역을 오가며 게임을 여는 것은 그때그때 희소성 있는 이미지를 구축할 수 있고, 한 경기 혹은 단기간의 흥행에 일정 부분 도움이 될 수 있다.

하지만 이렇게 해서 얻는 득이라는 것은 사실 추상적이고, 다소 지엽적인 것이 아닌가 싶다. 개인적으로는 프로 축구단의 홈경기장을 한곳으로 확정지었을 때 얻는 득이 더 많지 않나 생각한다. 전주에서 홈경기를 갖는 전북, 광양을 홈그라운드로 쓰는 전남, 창원에서 일정을 소화하는 경남은 도를 광역 연고지로 삼고 있는 구단이지만, 하나의 경기장에서 모든 홈경기를 치른다. 물론 기업 구단인 전북·전남과 여건이 같다고 볼 수는 없으나, 시가 아닌 도를 연고지로 삼는 구단이라는 공통점이 있는 만큼 홈경기 일정을 소화하는 부분에서는 어느 정도 벤치마킹을 할 수 있을 것이다.

프로 축구단과 연고지와 홈경기장은 어떤 면에서 '삼위일체'를 이뤄야 한다고 생각한다. '언제든지 주말이면 특정 경기장에서 프로 축구를 볼 수 있다'는 인식을 축구 팬 혹은 지역민에게 심어주어야 한다는 말이다.

PINE CITY GANGNEUNG
강릉종합경기장
GANGWON
GANGWON FC
대 경 기 장

하지만 강원FC는 아직까지 도민들에게 그러한 인식을 심어주지 못한 것 같다. 이런 믿음이 확산된다면 입장 수익 역시 상승 곡선을 이루지 않을까?

축구를 보고 싶은 사람은 경기장이 어디에 있든 간다. 축구를 보기 싫은 사람은 축구장이 자기 집 앞으로 찾아와도 가지 않는다. 산을 좋아하는 사람이 산이 어디에 있든 시간을 내 찾아가는 것과 다를 바 없다. 게다가 홈경기장을 자주 바꾸는 건 강원FC 선수들에게도 플러스 요인이 되지 못한다. 도내에서 이동할 뿐이니 대수롭지 않게 여기는 사람도 있겠지만, 그라운드 사정이 경기장마다 다르므로 경기력에 차이를 줄 수도 있다. 그리고 이 차이가 나비효과처럼 커져 승부를 가르는 요소가 될지도 모른다.

강원FC도 2~3년 더 있으면 10년차 프로팀이 되는 만큼 그런 부분에서 노하우가 축적되었을 것으로 생각한다. 인구나 교통, 연계 가능한 관광자원 등을 종합적으로 고려해 하루빨리 강릉과 춘천, 원주 3곳 중 한군데로 홈경기장을 확정 짓는 것이 어떨까? 나는 속초가 매력적인 도시라고 생각하지만, 속초종합운동장은 프로스포츠에 적합한 시설을 구축하지 못해 높은 점수를 주기 어렵다. 아름다운 산에 에워싸인 경기장의 풍광은 그 어떤 스타디움보다 멋지지만, 콘크리트 스탠드에 앉아 2시간 가까이 경기를 보고 싶지는 않을 것이기 때문이다.

그런 면에서 강릉종합운동장의 리모델링 소식은 여러모로 반갑고 감사하다. 1980년대 후반에 잠시 현대 축구단이 이곳에서 홈경기를 갖기도 했으나, 2009시즌부터는 강원FC가 주인이 되어 자리를 지키고 있다. 강원도의 특산물인 감자에 스페인 FC바르셀로나의 그 유명한 경기장 '캄프 누'를 결합해 만든 '감자 누'가 강릉종합운동장의 별칭이다. 이제 강릉종합운동장이 새 옷을 입었으니 '감자 누'는 '감자 누 누에보nuevo'가 된 셈. 30년도 더 된 올드 스타디움이지만, 2015년 리모델링 작업을 통해 많이 세련되었다.

'최윤겸의 힘'을 믿는다

강원FC는 '강원도의 힘, 강원FC'라는 캐치프레이즈를 내세우며 2009년 K리그에 첫 도전장을 내밀었다. 데뷔 시즌 거둔 13위라는 성적은 다소 아쉬웠지만, 최순호 감독의 지휘 아래 화끈한 공격 축구를 선보이며 제법 인상적인 한 해를 보냈다. 전체적인 기록은 다소 저조했으나, 팀 득점은 전북, 포항, 서울에 이어 4위를 기록할 정도로 많았다. 울산, 수원, 성남 같은 강팀보다 많은 득점을 기록하며 강원 도민은 물론 많은 축구 팬에게 뜨거운 지지를 받았다.

2010년에는 데뷔 시즌보다 1승을 더 거두며 한 단계 높은 12위에 올랐다. 많은 사람들이 강원FC의 발전 가능성을 높게 보았으며, 강원도의 축구 열기 역시 점점 고조되었다. 그러나 그 후 강원은 상승 곡선을 그리지 못했다. 안타깝게도 구단 안팎으로 어려움이 닥치며 리그 최하위권을 맴돌았다. 결국 2013시즌도 12위로 마치며, 상주와의 승강 플레이오프에서 패해 K리그 챌린지로 강등되었고 아직까지 클래식으로 복귀하지 못했다. 현재까지는 2010년과 2013년에 기록한 12위가 K리그 1부 리그에

서 거둔 최고의 성적이다.

초대 감독은 최순호였으며, 그 후 김상호, 김학범, 김용갑, 알툴 베르날데스가 각각 1~2시즌 팀을 이끌었다. 2015년부터는 최윤겸 감독이 팀을 지휘하고 있다. 그는 최근 몇 년간 아이돌 그룹 샤이니의 멤버 민호의 아버지로 언론에 소개되었지만, 사실 부천과 대전에서 인상적인 지도력을 보이며 오래전부터 축구 팬들 사이에서는 명망이 높았다. 2016년은 강원 FC와 최윤겸 감독 모두에게 중요한 한 해가 될 것으로 보인다. 챌린지 우승을 논할 수 있는 전력은 아니지만, 승강 플레이오프 진출은 충분히 노려볼 수 있다.

강원FC는 짧은 역사를 가진 팀이어서 레전드 플레이어를 꼽기는 쉽지 않다. 그래도 팀을 거친 이들 중 구단의 역사에 크고 작은 흔적을 남긴 선수를 꼽자면 다음과 같다. 내셔널리그 최고의 공격수였으며, 강원FC의 창단 멤버로 K리그 신인상을 차지한 김영후, 강원FC 역사상 최초의 골을 기록하며 공격진의 한 축을 담당했던 윤준하. 길지는 않았지만 팀에 몸담는 동안 선수와 코치로 제몫을 다해준 베테랑 이을용, 그밖에 김은중·정경호·오하시 마사히로·지쿠·서동현·오재석도 강원에서 활약한 바 있다.

강릉종합운동장

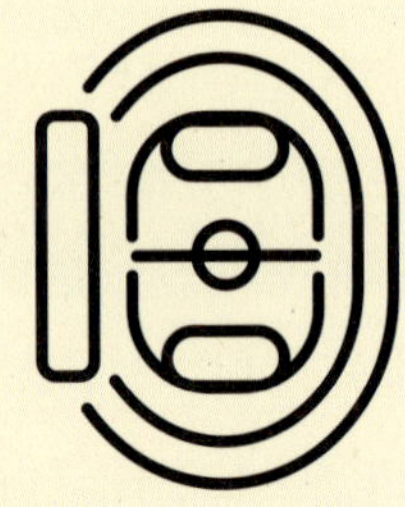

별칭 감자 누
위치 강원도 강릉시 종합운동장길 69 (교동)
교통 강릉시외버스터미널에서 버스로 25분
　　　　제주공항에서 버스로 90분
수용 인원 약 2만 1,200명
개장 1984년 6월

강원FC가 지금까지 홈경기를 치렀던 4곳의 경기장 중 메인 스타디움에 해당한다. 춘천, 원주, 속초 경기장에 비해 압도적으로 나은 설비는 아니었으나, 2015년에 전국체전을 앞두고 전면적인 리모델링 공사를 해서 시설이 크게 좋아졌다. FC바르셀로나의 홈구장 캄프 누와 강원도의 특산물인 감자를 결합한 '감자 누'라는 별칭이 있으나 널리 통용되는 이름은 아니다.

TICKET

좌석	본부석	일반석/원정석
성인	10,000	8,000
청소년	5,000	4,000
어린이	2,000	1,000

2015시즌 기준/단위(원)

 **TRAVEL**

경포해변, 경포대

강릉에 왔다면 경포해변에서 바다를 보는 것으로 여행을 시작하자. 바닷가에서 20분 정도만 걸으면 낮은 언덕 너머로 경포대가 보인다. 경포대는 인근 경포호수 건너편 언덕에 있는 누각으로, 이곳은 달이 들 때 풍광이 아주 멋지다고 하니 참고할 것.

LOCATION 강원도 강릉시 안현동 산1

선교장

경포대에서 가까운 곳에 선교장이라는 전통 가옥이 있다. 이곳은 국가지정문화재로 세종대왕의 형 효령대군의 11대손 이내번이 강릉으로 이주하며 1748년에 지은 집이다. 조선시대 사대부가의 대저택으로 10대에 걸쳐 꾸준히 건물을 증축해 방이 100칸이 넘는다.

LOCATION 강원도 강릉시 운정길 63
TIME 9:00~18:00
PRICE · 성인 5,000원 · 청소년 3,000원 · 어린이 2,000원

오죽헌

선교장에서 서쪽으로 15분 정도만 더 걸으면 오죽헌이 나온다. 오죽헌은 조선 초에 지어진 건축물로 당대의 정치가이자 대학자였던 율곡 이이가 그의 어머니 신사임당과 함께 지냈던 곳이다. 뒤뜰에 대나무가 많이 자라 오죽헌이라는 이름 이 붙었다.

LOCATION 강원도 강릉시 율곡로 3139번길 24
TIME 8:00~17:00
PRICE ・성인 3,000원 ・청소년 2,000원 ・어린이 1,000원

강릉향교, 강릉대도호부 관아, 임영관 삼문

강릉시외버스터미널 가까운 곳에는 강릉향교와 강릉대도호부 관아, 임영관 삼 문이 있다. 강릉종합운동장에서 가까워서 축구 관람 전후 1~2시간 정도만 짬을 내면 한꺼번에 둘러볼 수 있다.

LOCATION 강원도 강릉시 임영로 131번길

개미감자옹심이식당

가게의 외양은 조금 허름하나 맛만큼은 확실한 곳이다. 강릉시외버스터미널과 가까운 곳에 있어서 강릉에 도착한 직후나, 경기를 보고 돌아가는 저녁 시간에 한 끼를 해결하기 좋다. 감자옹심이는 전분과 감자를 섞어 새알처럼 만든 것이다. '옹심이'는 새알을 뜻하는 강원도 방언이다.

LOCATION 강원도 강릉시 강릉대로 155
TIME 10:00~20:30
PRICE • 감자옹심이 7,000원 • 감자옹심이칼국수 8,000원

DAEJEON

CHUNGJU

'축구특별시'를 꿈꿨던 시민들의 클럽

K리그를 보기 시작한 지 얼마 되지 않은 사람들은 이해하기 어렵겠지만, 한때 대전은 '축구특별시'라는 수식어가 붙을 만큼 축구 열기가 뜨거운 곳이었다. 대전 시티즌이 거의 매시즌 하위권을 전전했고, 1부 리그에서 거둔 최고 성적이 6위일 정도로 강호와는 거리가 먼 팀임에도 직접 경기장을 찾아 응원하는 시민이 많았다. 대전 시민들이 성적과 상관없이 지역 팀을 지지해준다는 것은 한화 이글스의 2000년 이후 순위표를 봐도 잘 알 수 있다. 보통 축구 팬과 야구 팬의 사이는 그리 좋지 않은데, 대전 시티즌 팬과 한화 이글스 팬이 결혼한다면 웬만한 일은 다 참고 견디면서 변심하지 않고 가정을 잘 지켜나가지 않을까?

현재 대전월드컵경기장은 과거와는 분위기가 사뭇 달라져 같은 장소라고 여기기가 어렵다. 2000년대 초반에는 심심치 않게 2만 명 이상의 관중이 모여들었고, 2002 한일 월드컵 이듬해인 2003년에는 약 1만 9,000명의 평균 관중을 동원해 12개 구단 중 1위를 기록하기도 했다. 특히 그해 6월 18일에는 경기장의 공식 수용 인원을 넘어서는 4만 3,000여 관중이 운집해 화제를 모았는데, 더 놀라운 것은 이 경기가 주말이 아닌 수요일 저녁에 열렸다는 사실이다(2003년은 대전이 처음으로 5할 이상의 승률을 올리며 포항, 부산, 안양, 부산 등을 따돌리고 중위권에 오를 만큼 선전한 시즌이었다).

그렇지만 과거의 10~20퍼센트 수준으로 관중이 줄어든 오늘날에 와선 그 모든 것이 옛이야기처럼 느껴질 뿐이다. 분명한 건 부진한 성적만이 관중 급감의 이유는 아니라는 것이다. 앞서 이야기했듯 대전의 축구 팬들은 팀 성적이 부진했을 때도 꾸준히 경기장을 찾아 열성을 다해 응원을 보내줬다. 그런 그들이 발길을 돌린 건 구단에게서 받은 크고 작은 상처가 아물지 않았기 때문이리라. 관중석을 가득 메웠던 시민들을 다시 경기장으로 불러들이는 일은 대전 구단에 성적보다 몇 배는 더 중요한 과제다.

대전 시티즌이 2002년부터 홈구장으로 쓰고 있는 대전월드컵경기장은 4만 2,000명의 관중을 수용할 수 있는 축구전용구장이다. 경기장 외관에서는 자줏빛을 볼 수 없지만, 대전 시티즌의 팀 컬러인 자주색을 따라 '퍼플 아레나'라는 별칭으로 불린다. 이곳은 대한민국이 2002 한일 월드컵 16강전에서 이탈리아를 제압했던 '아주리 무덤'이기도 하다. 4만 명이 넘게 입장할 수 있는 큰 축구장답게 외형은 웅장하나, 경기장에 들어서면 제법 아담한 느낌이다. 스탠드의 기울기가 적절하고 그라운드 터

치라인에서 관중석까지의 거리가 상당히 가까운 것이 그 이유가 아닐까 싶다.

대전월드컵경기장은 개폐식 지붕을 도입한 한국 최초의 스타디움이다. 과학의 도시답다. 동쪽과 서쪽 스탠드 위 지붕 40미터 중 15미터가량은 펼쳐서 늘릴 수도 있고 당겨서 넣을 수도 있다고 하는데, 실제로 본 적이 없어 정확히 어떤 그림인지는 모르겠다. 비가 많이 오는 날 지붕을 쭉 펴면 동서쪽 관중석을 지붕이 모두 덮어 전체 관중석의 약 70퍼센트는 날씨와 상관없이 축구를 즐길 수 있다.

예산이 부족해 남쪽과 북쪽에는 지붕을 올리지 못한 것으로 아는데, 어차피 서포터스의 대부분은 90분 동안 선수들과 함께 뛴다는 마음으로 경기장을 찾는 경우가 많으니 비 살짝 맞는 것쯤은 괜찮을 것이다. 사실 유럽이나 남미의 축구장 중에는 원정석 혹은 서포터스 스탠드에 아예 좌석을 놓지 않는 곳도 더러 있다. 심판 판정이나 경기 결과에 불만이 있는 관중들이 좌석을 부술 때가 많아 애초에 좌석을 만들지 않거나 있던 좌석을 걷어치우는 거다. 그냥 2시간 동안 서서 보다 가라는 말이다.

개인적으로는 2002 한일 월드컵이 열린 축구전용구장 중에서 대전월드컵경기장과 제주월드컵경기장을 가장 좋아한다. 서울·수원·전주·울산 다 훌륭하고 나름 특색이 있지만 내 눈에는 대전월드컵경기장이 시야가 제일 좋다. 경기장 주변에 즐길 거리가 많지 않다는 점이 조금 아쉽지만, 대전 지하철 1호선 월드컵경기장역을 통해 오갈 수 있어 시내 접근성이 떨어지진 않는다.

20년 역사의 중견 클럽은 부활할 수 있을까?

1997년 창단한 대전 시티즌은, 공식 구단 명칭에 기업 이름이 들어 있지 않아 시민 구단으로 조직되었다고 생각하는 이들이 있으나 사실 여러 개의 기업이 연합해 만든 기업구단이다. 계룡건설, 동아건설, 동양백화점, 충청은행 등 대전과 충청도 지역의 기업이 컨소시엄을 이뤄 자본금을 마련했다. 진정한 시민 구단으로 다시 태어난 것은 그로부터 약 10년이 지난 2006년의 일이다.

창단 첫해 대전은 고춧가루부대 역할을 톡톡히 하며 7위라는 기대 이상의 성적을 거뒀다. 리그컵에서 페어플레이상을 받기도 했고, 맹활약한 공격형 미드필더 신진원이 신인상을 수상하는 등 인상적으로 출발했다. 그러나 그 후 성적은 최하위권을 맴돌았고, 2002시즌에는 1승 11무 15패라는 최악의 결과를 냈다. 27게임을 싸워 단 한 번밖에 이기지 못한 것이다. 게다가 게임당 득점은 0.63골로 절망적인 수준이었다. 그럼에도 2000년대 초반은 분명 대전의 황금기라 할 수 있는 시절이다. 2001시즌에 구단 역사상 최초로 FA컵 우승을 차지했기 때문이다. 게다가 FA컵 챔피언 자격으로 2002~2003년 AFC 챔피언스리그에 진출하는 쾌거까지 일구어냈다. 고전할 것이라는 예상과는 달리 덩치가 몇 배나 큰 중국의 상하이 선화, 일본의 가시마 앤틀러스를 꺾으며 선전을 펼쳤다. 아쉽게 태국 클럽 벡테로에 패해 조별리그를 통과하지는 못했지만, 벡테로가 그해 결승까지 올라갔다는 사실을 감안하면 대전은 기세는 놀라운 것이었다. 2003시즌에는 리그에서도 18승 11무 15패의 호성적을 거두며 6위에

오르는 등 더는 좋을 수 없는 한 해를 보냈다.

그러나 2007시즌에 다시 한 번 리그 6위에 오른 것을 빼면 대전의 이름은 늘 순위표 아래쪽에 있었다. 1회 우승을 포함 5번이나 4강에 진출할 정도로 FA컵에서 좋은 성적을 보였던 것이 그나마 위안거리였다. 비틀거리던 대전은 2013시즌 최하위를 기록하며 2부 리그 챌린지로 강등되고 말았다. 2014시즌 챌린지에서 우승을 차지하며 1년 만에 클래식으로 복귀했으나, 2015시즌 또 다시 12위에 머물며 챌린지로 직행했다. 롤러코스터를 탄 듯 몇 년 사이 1부와 2부 리그를 오고간 대전을 '1.5부 리그팀'이라 부르는 이들도 있을 정도다.

나름 막내 이미지가 있던 대전 시티즌도 어느새 20년 가까운 역사를 쌓은 중견 클럽이 되었다. 대전의 자줏빛 축구를 조금 더 짙게 채색한 감독은 3명쯤 꼽을 수 있겠다. 약한 전력으로도 나름 대전 축구의 기틀을 마련한 초대 김기복 감독, 불미스러운 일로 도중하차했지만 4년 넘게 팀을 지도하며 좋은 축구를 선보인 최윤겸 감독, 베테랑 중의 베테랑 김호 감독이 그들이다. 최근 몇 년간은 유상철, 김인완, 조진호 등 젊은 감독이 팀을 맡았으나 모두 2시즌을 온전히 채우지 못하고 단명했다. 2015시즌 도중 부임한 최문식 감독은 앞으로 전임자들과 다른 모습을 보일 수 있을지 궁금하다.

프로 축구를 깊이 있게 즐겨온 사람이 아니더라도 대전 시티즌을 떠올리면 수초 내에 선수 3명의 얼굴이 그려질 것이다. 바로 김은중, 이관우, 최은성이다. 대전 최고의 공격수 김은중은 훗날 서울로 이적한 후 여러 팀을 옮겨 다녔지만, 은퇴 직전 플레잉코치로 돌아와 대전의 K리그 클래식 승격에 공헌했으며, 영구결번의 영예까지 안았다. 청소년대표 시절부터 한국 축구를 이끌 재목으로 기대를 모았던 이관우는 대전 유니폼을 입고 눈부신 플레이를 펼쳐 '시리우스(가장 밝은 빛을 내는 별)'로 불렸다. 나는 그가 수원으로 이적하기 전 대전월드컵경기장에서 치렀던 마지막 경기 때 현장에 있었다. 그가 경기를 뛰었는지 인사만 했는지 정확히 기억나지 않으나 수많은 관중들이 그를 향해 백넘버 8번이 적힌 종이를 흔들었던 광경은 또렷이 기억한다.

골키퍼 최은성 역시 대전에서 빼놓을 수 없는 이름이다. 최은성은 대전의 창단 멤버로 무려 15년간 활약하며 400경기 이상 출장한 레전드다. 경기에 출전하지는 못했으나, 대전 시티즌 선수로는 유일하게 월드컵을 경험한 인물이기도 하다. 대전의 원클럽맨을 꿈꿨으나 안타깝게 재계약에 실패하고 전북에서 은퇴하게 되어 마음 아파하는 대전 팬들이 많았다. 그밖에 공오균 · 장철우 · 이창엽 · 강정훈 · 한정국 · 데닐손 · 알리송 · 신진원 · 서동원 · 성한수 · 김종현 · 박성호 · 정성훈 등도 대전의 역사에 이름을 남긴 선수다.

대전월드컵경기장

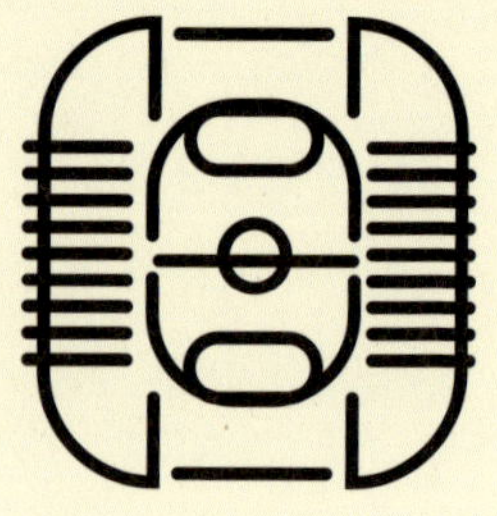

별칭 퍼플 아레나
위치 대전광역시 유성구 월드컵대로 32
교통 대전 지하철1호선 월드컵경기장역에서 도보로 5분
　　　유성시외버스터미널에서 버스로 20분
수용 인원 약 4만 2,000명
개장 2001년 9월

인천의 숭의아레나와 함께 K리그 최고의 시야를 가진 축구전용구장으로 평가받는 곳이다. 2002 한일 월드컵 때 지어진 축구전용구장 중에서 그라운드와 관중석의 거리가 가장 짧다. 개폐식 지붕을 도입한 국내 최초의 스타디움으로 과학의 도시 대전의 정체성에 부합한다. 대전의 팀 컬러 자주색을 따라 퍼플 아레나라는 별칭으로 불린다.

TICKET

좌석	E/S석	W석	N석	테이블석
성인	10,000	12,000	14,000	40,000(2인)
청소년	3,000	3,000	7,000	

2015시즌 기준/단위(원)

TRAVEL

대전문학관, 한화이글스사료관

대전문학관은 대전 문학의 과거와 현재를 만날 수 있는 곳으로 여러 근현대 작가들의 자취를 느낄 수 있다. 문학관에서 300미터쯤 떨어진 한화이글스사료관도 제법 흥미롭다. 이곳은 독수리 야구 팀의 역사와 전설적인 선수들의 소장품을 볼 수 있는 미니 박물관이다.

LOCATION 대전광역시 동구 송촌남로 19번길 43
TIME 11:00~19:00

우암사적공원

조선시대의 대학자 우암 송시열 선생이 제자들을 가르치며 학문에 정진했던 곳을 멋스럽게 꾸민 우암사적공원도 대전복합터미널에서 멀지 않다. 이곳은 역사적으로 중요한 문화재를 보유한 공간인 동시에 도심 속에 자리한 휴식 공간이다.

LOCATION 대전광역시 동구 충정로 53
TIME 6:00~20:00

대전선사박물관

다수의 유물이 발견된 유성구 노은동 유적지에 있는 선사박물관이다. 구석기시대에서 삼국시대에 이르는 유물 1,000여 점이 전시되어 있고, 제법 흥미로운 미니어처도 볼 수 있다.

LOCATION 대전광역시 유성구 노은동로 126
TIME 10:00~18:00

국립중앙과학관

국립중앙과학관은 과학의 매력을 대중에게 전하는 메카이자 공원이다. 과학의 도시 대전에 온 만큼 건너편에 있는 엑스포과학공원과 함께 돌아봐도 좋다. 유료전시관은 입장료가 저렴한 편이고, 무료로 돌아볼 수 있는 시설도 많아 부담 없이 즐길 수 있다.

LOCATION 대전광역시 유성구 대덕대로 481
TIME 9:30~17:30
PRICE 무료 입장이나 일부 유료 시설 있음

도시여행자

카페 겸 서점 '도시여행자'에 들르면 축구와 여행을 좋아하는 젊은 부부가 대전의 매력에 대해 친절히 설명해줄 것이다. 유명한 성심당 빵집에서 멀지 않은 곳에 있다는 것도 장점이다. 이곳에서 커피 한 잔을 하며 여행 계획을 세워보자.

LOCATION 대전광역시 중구 보문로 260번길 17
TIME 12:00~22:00
PRICE • 아메리카노 3,500원 • 카페라떼 3,800원

내집식당

매콤한 양념이 잘 배인 두부두루치기가 나온다. 속이 살짝 쓰릴 정도로 매운 양념이지만 맛이 훌륭하다. 술안주로 먹기도 그만이다.

LOCATION 대전광역시 중구 대흥로 121번길 42
TIME 11:30~22:00
PRICE • 올갱이국 7,000원 • 두부두루치기 10,000원

충주의 축구가 복숭아처럼 달콤해질 수 있을까?

처음 축구여행을 계획하며 간략히 일정을 세웠을 무렵, 충주엔 언제쯤 가는 것이 좋을지 고민했던 기억이 난다. 수도권부터 작업을 시작해야 할지, 가장 먼 경상도나 전라도부터 시작해야 할지 머뭇거렸던 터라 충북 방문 시기는 감이 잘 오지 않았다. 그러다가 충주 험멜의 2015시즌 캐치프레이즈 공모전에서 내 아이디어가 가작으로 입상하면서 충주의 2015 K리그 챌린지 홈 개막전에 초청되었다. 나는 한결 가뿐하게 충주행 버스에 올랐다.

내 인생 최초의 충주 방문이었다. 길지는 않았지만, 2년 가까이 월간지에서 기자로 일하며 전국의 크고 작은 지방 도시들을 둘러볼 기회가 있었는데, 충주는 정말 처음이었다. 축구가 아니었다면 과연 내게 충주 땅을

밟아볼 기회가 있었을까 하는 생각이 들었다.

충주는 서울에서 2시간 채 되지 않는 거리에 있고, 홈경기가 열리는 충주종합운동장 또한 충주공용버스터미널에서 그리 멀지 않다. 버스를 타면 15분쯤, 천천히 충주 시내를 구경하면서 걸어가도 30분 안팎이면 너끈하다. 충주종합운동장에 다다랐을 때 내가 느낀 감정은 한마디로 정리할 수 있을 것 같다. 'K리그 23개 경기장 중에 충주가 제일 열악하구나.'

20만 명이 넘는 인구가 살고 있는 국토 정중앙의 도시 충주의 종합운동장이라기에는 여러모로 모자란 시설이었다. 더욱이 프로 축구 경기가 열리기에는 다소 부족하지 않나 싶었다. 그도 그럴 것이 1968년에 건립된 충주종합운동장은 K리그의 모든 경기장 중 가장 어르신이다. 그 뒤를 잇는 건 1971년생인 수원종합운동장.

물론 축구라는 스포츠에서 '역사' 역시 중요한 가치인 만큼 '새 경기장=좋은 경기장, 오래된 경기장=나쁜 경기장'이라는 편협한 사고를 하는 건 옳지 않다. 하지만 관중들에게 일정한 입장료를 받고 서비스를 제공하는 프로스포츠 스타디움에는 더 높은 잣대를 제시할 필요가 있다.

그나마 반가운 뉴스는 2017년 호암 지구 쪽에 새로운 경기장이 들어선다는 것이다. 2017 전국체전, 전국장애인체전 그리고 2018 전국소년체전 개최를 위해 충주종합스포츠타운이 조성되며, 1만 5,000명 정도를 수용할 수 있는 주경기장 역시 신축된다는 것. 빠르면 2017시즌 전반기에, 늦어도 후반기에는 충주 험멜이 새 집에 입주할 수 있을 것으로 보인다. 이는 충주 팬들에게도, 충주 선수들에게도, 충주에 원정을 와야 하는

모든 K리그팀과 팬들에게도 좋은 소식이지 않을까 싶다.

완공까지는 한참 남아 있는 새 경기장 이야기는 잠시 미루도록 하고, 지금은 현재의 충주종합운동장에 대해 알아보자. 이 경기장은 충주의 특산물인 사과apple와 복숭아peach, 축구장의 그라운드를 뜻하는 영어 'pitch'를 조합해 '애피치'라는 별칭으로 불린다. '사랑愛이 넘치는 피치'라는 뜻도 가지고 있다. 애피치는 수용 인원이 1만 5,000명에 가까운 종합경기장이지만, 대부분의 관중석에 좌석이 없다. 본부석 일부에 좌석이 있긴 하나 나머지 관중석은 시멘트 스탠드로 되어 있다. 이것은 상당히 아쉬운 부분인데, 새로 지어질 경기장에서는 이런 문제가 모두 해결될 것이라 믿는다. 그러면 정말 사랑이 넘치는 경기장이, 진정한 애피치가 될 수 있을 것이다.

좌석이 없는 관중석도 긍정적으로 생각하면 얼마든지 좋게 바라볼 수 있을 것이다. 뭐랄까, 운치가 있다고 해야 할까? 어렸을 적 즐거운 마음으로 학교 운동회를 지켜봤던 생각도 나고 동네 꼬마부터 할아버지, 할머니까지 한데 모이는 마을 잔치 같은 느낌도 나니까. 그리고 빼곡하게 좌석이 놓여 갑갑한 느낌을 받거나 이동에 불편함을 겪는 것보다는 낫다고 여기는 이도 있을 것이다.

학창 시절을 떠오르게 하는 경기장 내부의 작은 매점도, 그라운드를 완전히 등진 채 병째 소주를 드시던 어르신의 모습도 타지에서 축구여행을 온 사람에겐 유쾌하고 정겨운 그림으로 남았지만, 프로라는 이름에 걸맞은 새로운 분위기의 애피치를 기대하는 건 축구 팬이 갖는 당연한 욕심이다. 곧 탄생할 뉴 애피치 혹은 애피치 2.0을 진심으로 응원한다.

끈질긴 생명력으로 살아남다

충주 험멜은 15년이 조금 넘는 길지 않은 역사를 가진 구단이지만, 팀 창단 이후 스토리가 매우 다채롭다. 사실 험멜 축구단이 충주에 자리를 잡기까지는 우여곡절이 많았다. 이 줄거리를 간략하게나마 다루려면 충주 험멜의 전신인 험멜 실업 축구단 이야기부터 꺼내는 것이 맞겠고, 그에 앞서 충주 험멜의 모기업 험멜 코리아를 이끌고 있는 축구광 변석화 회장에 대해 언급하는 것이 옳은 순서일 것 같다.

독일에서 탄생해 덴마크에서 성장한 험멜은 축구를 중심으로 하는 글로벌 스포츠브랜드다. 1998년 라이센스를 통해 험멜이라는 낯선 브랜드를 국내에 들어온 험멜 코리아의 변석화 회장은 IMF 당시 많은 실업 축구단이 해체되며 생계가 어려워진 선수가 늘어나자 오갈 곳 없어진 선수들을 채용했다. 그뿐만 아니라 그들이 직원 겸 선수로 활동할 수 있게 아예 실업 축구팀을 하나 만들어버렸다.

1999년 겨울, 단 18명의 선수진으로 창단한 험멜 실업 축구단이 바로 현재 K리그 챌린지에 속해 있는 프로팀 충주 험멜의 뿌리이며, 그 생명력은 15년 넘게 유지되고 있다. 재정 상태가 넉넉하지 않은 중소기업이 운영하는 팀이어서 여러 지자체에서 환영을 받지 못하고 연고지 정착을 위해 많은 지역을 옮겨 다녀야 했던 아픈 과거도 있다. 경기도 의정부시에서 이천시로, 서울시 노원구로 이사에 이사를 거듭했다.

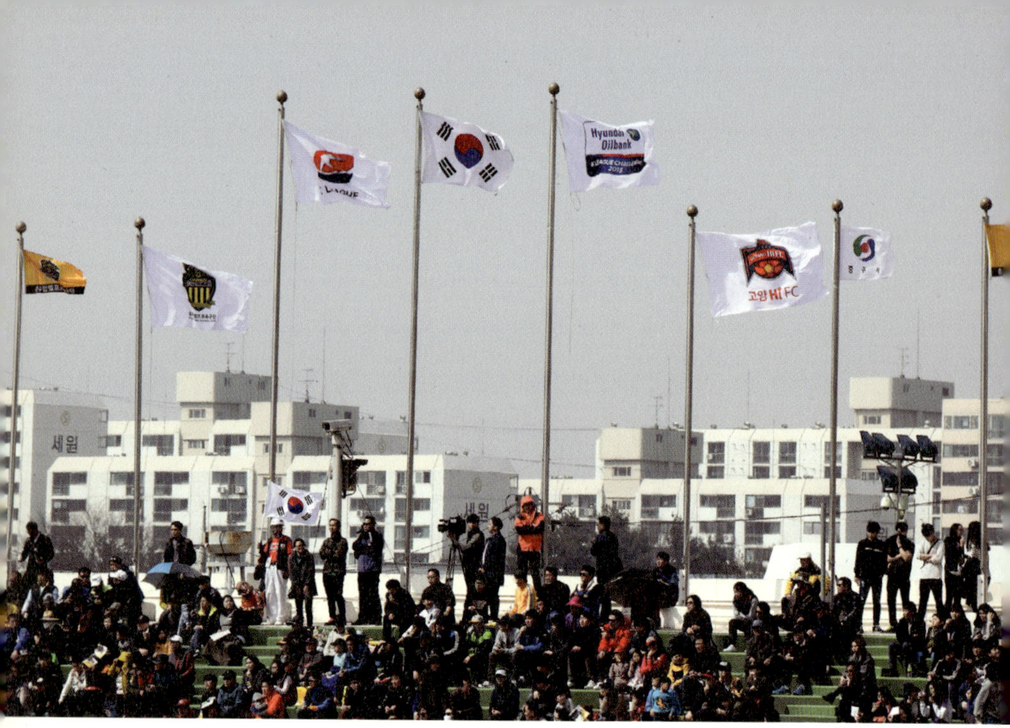

Hyundai
Oilbank
고양 Hi FC
세원

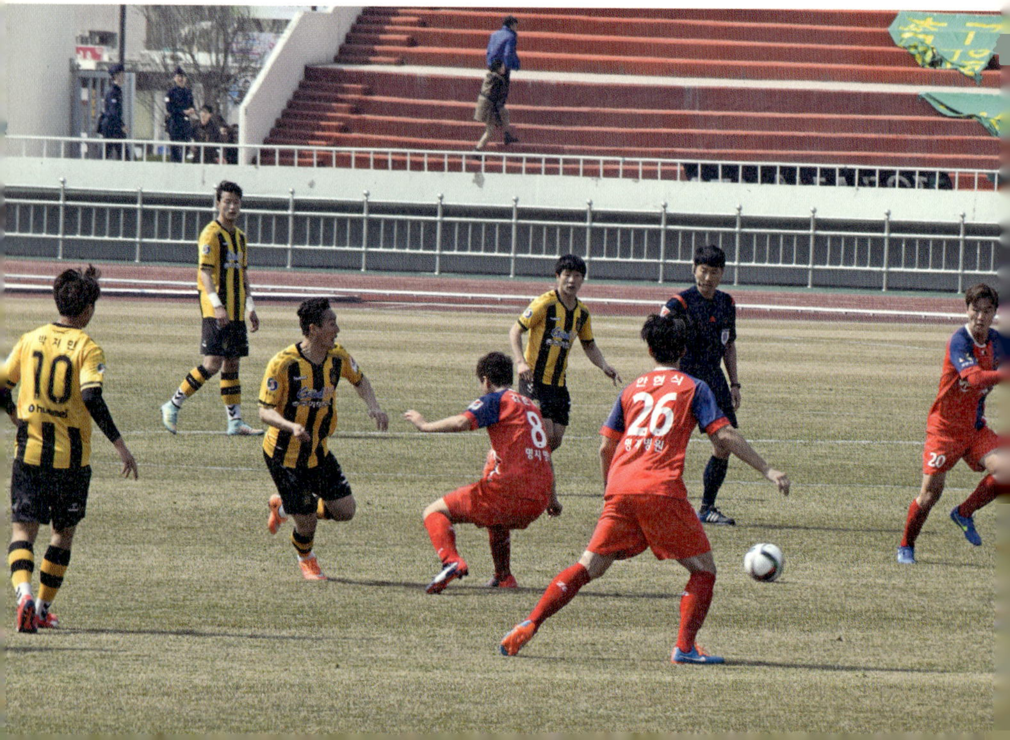

2010년 3월에는 그동안 험멜 축구단을 외면했던 수도권 지역을 벗어나 충북 충주로 새 연고지를 확정하고, 내셔널리그팀으로 지역 정착을 시작한다. 2000년 서울시 장기 대회 우승, 2002년 덴마크 험멜컵 준우승, 2003년 전국체전 동메달 등 나름 괜찮은 이력을 가진 팀답게 준수한 경기력을 선보이며 점차 충주 시민의 사랑을 받는 구단이 되었다. 2012년 5월에 벌어진 울산현대미포조선과의 경기에는 1만 4,000명 이상의 관중이 몰려 내셔널리그 최다 관중 기록을 수립하기도 했다.

지역 밀착화에 어느 정도 성공한 변석화 회장은 K리그 2부 리그 출범 당시 구단의 수가 모자라다는 소식을 전해 듣고, 이내 충주 험멜의 프로 전환을 선언한다. 진정한 프로팀으로서 한국 축구계에 출사표를 던진 것이다. 프로팀 운영에는 적지 않은 비용이 소요되지만, 험멜 코리아처럼 크지 않은 회사도 스포츠를 통해 지역민들에게 사회공헌활동을 펼칠 수 있다는 것을 보여준 유의미한 결정이었다.

넉넉지 않은 재정 때문에 충주 험멜의 스쿼드는 해마다 큰 폭의 변화를 겪는다. 팀을 떠나는 선수도 많고, 새로 들어오는 선수도 많다. 그런 연유로 팀의 레전드 플레이어를 꼽기란 쉬운 일이 아니다. 하지만 K리그 챌린지에서 3시즌을 보낸 현재를 보면 황성민, 한홍규를 주목할 만하다. 2016시즌을 앞두고 베테랑 황재원과 오승범을 각각 대구와 강원으로 이적시킨 것은, 더 젊은 팀으로 거듭나려는 의지로 풀이된다.

충주종합운동장

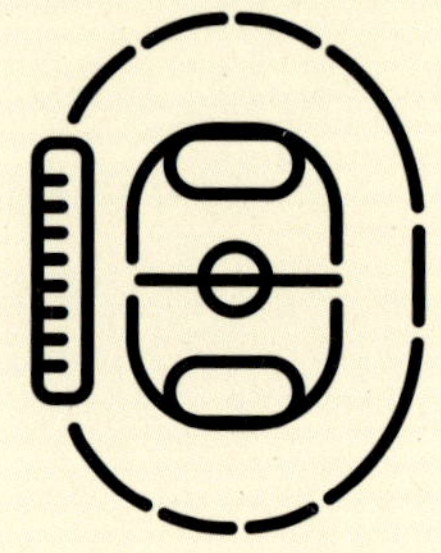

별칭 애피치
위치 충청북도 충주시 예성로 266 (교현동)
교통 충주공용버스터미널에서 버스로 15분
      충북선 충주역에서 버스로 25분
수용 인원 약 1만 5,000명
개장 1968년

2010년 3월, 충주를 새 연고지로 삼은 험멜의 홈구장이 되었다. 내셔널리그 역대 최다 관중 기록이 세워진 경기장이다. K리그 클래식·챌린지의 23개 경기장을 통틀어 가장 오래되어 시설이 다소 열악한 편이나 저렴한 입장료 는 분명한 메리트다. 충주에 곧 종합운동장이 신축될 예정이므로 2016시즌 까지만 충주 험멜의 홈구장으로 쓰일 확률이 높다.

TICKET

좌석	N/W/E 일반석	S 원정석	테이블석	프리미엄석
성인	10,000			20,000
청소년	5,000	10,000	35,000(2인)	15,000
어린이	3,000			

2015시즌 기준/단위(원)

TRAVEL

중앙탑사적공원(탑평리 칠층석탑)

국보 6호 충주 탑평리 칠층석탑은 통일신라 때 이 지역이 영토의 한가운데라는 사실을 표시하기 위해 세웠다고 한다. '중앙탑'이라는 이름으로 더 유명하다.

LOCATION 충청북도 충주시 중앙탑면 탑평리 11

탄금대

탄금대는 신라시대의 음악가인 우륵이 가야금을 연주하던 곳이라는 뜻을 가진 명승지로 해발 100미터 정도의 나지막한 대문산을 오르면 곧 나온다. 이곳의 울창한 소나무 숲에서 내려다보는 남한강은 날씨에 따라 기막힌 경관을 선사한다.

LOCATION 충청북도 충주시 탄금대안길 6-4

세계무술공원(충주세계무술박물관)

탄금대에서 내려오다 보면 세계무술공원이 눈에 들어온다. 충주는 해마다 열리는 세계무술축제를 비롯해 다양한 무술 관련 행사들이 개최되는 한국 무술의 메카로, 전통 무예인 택견 역시 충주가 본고장이다. 이곳에서는 300점에 가까운 세계 각국의 무술 도구와 자료를 볼 수 있어 흥미롭다.

LOCATION 충청북도 충주시 남한강로 26
TIME 9:00~18:00
PRICE 무료

술 박물관 리쿼리움

마스터 블렌더 이종기 교수의 사재로 문을 연 술 박물관 리쿼리움에는 세계 100여 나라의 술과 술 문화를 느낄 수 있는 3,000여 점의 자료가 있다. 수많은 형태의 와인 오프너와 멋스러운 와인 잔, 독특한 맥주잔 등 수집품이 매우 인상적이다.

LOCATION 충청북도 충주시 가금면 탑정안길 12
TIME 10:00~18:00
PRICE • 대인 5,000원 • 소인 4,000원

 **FOOD**

대왕만두

충추공용버스터미널 안에 있는 수제 중화 만두 전문점이다. 사천식 군만두가 일품이다. 충주공용버스터미널을 거쳐 축구장으로 향하는 이들이라면 여기서 만두를 사가도 좋겠다.

LOCATION 충청북도 충주시 봉계1길 49
충주공용버스터미널
TIME 9:00~21:00
PRICE • 잡채튀김만두 1,500원
• 철판새우군만두 2,000원

GWANGJU

JEONJU

GWANGYANG

월드컵 4강 신화를 창조한 경기장

광주가 이렇게 매력적인 도시였던가? 광주월드컵경기장이 이토록 준수한 종합경기장이었던가? 광주광역시에 축구여행을 오기 전까지는 전혀 모르고 있었다. 막연하게 민주화의 성지, 야구에 열광하는 도시 정도로 알고 있었던 광주가 한국의 근·현대와 오롯이 맞닿아 있는 예쁜 골목들을 소중히 품고 있는지 미처 알지 못했다.

광주를 잘 몰라줬다는 것에서 왠지 모를 미안한 감정이 들었다. 엇비슷한 감정이 광주월드컵경기장에도 들었다. 2002 한일 월드컵의 국내 경기장 중 광주와 대구의 스타디움이 가장 특색 없고, 효율적이지 않다고 여겨왔기 때문이다. 하지만 직접 본 광주월드컵경기장은 텅 빈 관중석이라는 안타까운 현실을 빼면 그다지 흠잡을 게 없는 훌륭한 스타디움이었다.

광주 서구 풍암동에 자리한 광주월드컵경기장은 도심에서 남서쪽으로 4~5킬로미터 정도 떨어진 곳에 있는데, 대전, 대구, 울산, 전주의 월드컵 경기장과 비교하면 딱히 외곽이라고 볼 수 없을 것 같다. 빛고을 광주의 경기장답게 지붕에 은빛이 감돌며, 지붕과 스탠드는 광주의 민속놀이인 고싸움과 무등산의 완만한 곡선에서 따왔다. 밖에서도 경기장 내부를 일부 볼 수 있게끔 개방형 구조로 지어졌다.

처음 발표된 건설 계획에 따르면 축구전용구장으로 지어질 예정이었으나 당시 광주에 프로팀이 없기도 했고(대구와 인천도 같은 상황), 향후 다목적으로 활용할 수 있도록 종합운동장으로 수정하자는 의견이 모아졌다. 월드컵 때는 한시적으로 전 지면에 잔디를 깔고 가변좌석을 설치해 축구전용구장처럼 운영하기도 했지만, 관중석과 그라운드의 거리가 너무나 멀었다. 누가 봐도 전용구장은 아니었다. 월드컵이 끝난 후 육상 트랙을 추가하는 등 종합운동장으로 확실히 용도 변경되었고, 이후 2015년에는 하계 유니버시아드 대회의 메인 스타디움으로 쓰였다.

이곳은 2002 한일 월드컵 때 한국과 스페인의 8강전이 열렸으며, 승부차기 끝에 태극전사들이 승리를 차지하면서 4강 진출을 결정지은 역사적 장소이기도 하다. 경기가 끝난 후엔 거스 히딩크 감독이 관중석에 직접 축구공을 차주고, 고개를 숙여 감사를 표하기도 했는데, 그 때문인지 외신에서 '거스 히딩크 스타디움Guus Hiddink Stadium'이라는 별칭을 붙이기도 했다. 경기장 바깥에서는 "이곳은 대한민국이 아시아 최초로 2002 월드컵 4강 신화를 창조한 경기장입니다"라는 문구가 보인다.

54
55
광주답게
bank
my NINE
중흥S-클래스

    2003년부터 2010년까지는 광주를 연고지 삼았던 상무 축구단이 홈구장으로 사용했고, 2011시즌부터 시민 구단으로 창단된 광주FC의 홈구장이 되었다. 2015년엔 광주 하계 유니버시아드 대회로 많은 경기가 열리지 못했고, 대회 기간을 전후해 광주FC는 목포국제축구센터에서 홈경기를 치러야 했다. 게다가 대회 후 돌아온 경기장은 그라운드 상태가 말이 아니어서 여러모로 이중고를 겪었다.

향후가 기대되는 신생 구단, 광주FC

광주FC는 워낙 역사가 짧아서 아직 내세울 만한 커리어를 쌓지 못했다. 하지만 한국 프로 축구 역사상 최초의 2부 리그 강등팀이라는 의미 있는(?) 기록을 가진 팀이다. 구단에는 '최초의 강등팀'이라는 기록이 다소 불명에스러운 과거일 수 있지만, 그 또한 한국 프로축구사의 기록이고, 누구든 한 팀은 맞닥뜨려야만 하므로 이를 부정적으로 생각하기보다는 긍정적인 스토리로 만들어보면 좋겠다. 광주FC는 이제 걸음마를 시작한 단계의 팀인 만큼 조금 더 넉넉한 시선이 필요하다고 본다.

광주 시민 구단 창단은 상무가 광주에 머물던 2000년대 중후반부터 줄

기차게 논의되었지만, 실질적인 준비는 지지부진했다. 광주시와 상무 불사조 축구단의 연고 계약이 만료된 2010년 광주의 프로 축구팀 창단은 가속화되기 시작했다. 창단과 운영에 필요한 기금을 조성하기 위한 시민주 공모도 펼쳐졌다. 광주 출신인 국가대표 미드필더 기성용이 1,000만 원을 기탁하는 등 시민주 공모에 뜻을 같이했다. 그해 10월 한국프로축구연맹이 광주 시민 구단의 창단을 승인했고, 2010년 12월 드디어 공식 창단에 이르렀다.

2011년 대망의 첫 시즌을 맞이한 광주는 팀의 첫 공식 경기인 대구와의 개막전에서 3 대 2로 극적인 역전승을 거두며 전국의 축구 팬들에게 당당히 첫 인사를 올렸다. 당시 무려 3만 6,000명이 넘는 구름관중이 몰려 광주에서도 축구가 충분히 통할 수 있다는 고무적인 전망을 가능케 했다(이 기록은 광주FC의 역사가 5년에 접어든 지금까지도 깨지지 않고 있다). 광주는 첫 시즌에서 9승 8무 13패라는 기대 이상의 성적을 거두며 11위에 랭크되었다. 대구와 인천, 상주와 대전, 강원이 신생팀 광주보다 밑에 자리하고 있었다.

광주의 프랜차이즈 스타로 꼽을 수 있는 선수는 창단부터 함께해온 미드필더 임선영, 여름이 있다. 사실 가장 대표적인 선수는 K리그의 대표적 윙어로 '호남의 아들'이라는 별칭을 가지고 있던 김호남이었으나 그는 2016시즌을 앞두고 제주 유나이티드로 이적해 광주 팬들에게 큰 실망을 줬다. 하지만 워낙 독보적인 활약을 펼쳐온 선수였기에 이미 마음속으로는 이별의 준비를 한 팬도 적지 않았을 것이다.

또한 이종민, 조용태, 마철준, 권정혁 등 K리그에서 10년 넘게 선수 생활을 해온 베테랑 플레이어들도 광주FC의 구심점이 되어주고 있으며, 외국인 선수 파비오도 쏠쏠하게 활약하고 있다. 2016시즌을 앞두고는 FC 서울의 대형 스트라이커 정조국을 영입해 공격력을 강화했으며, 일본인 미드필더 와다의 영입도 기대감을 주는 요소다.

광주월드컵경기장

별칭 거스 히딩크 스타디움
위치 광주광역시 서구 금화로 240
교통 광주 지하철 운천역에서 버스로 30분
　　　　광주종합버스터미널에서 버스로 40분
수용 인원 약 4만 300명
개장 2002년 1월

2003~2010년에는 상무 축구단의 홈경기가 열렸으나, 2011시즌부터 광주 FC의 홈구장이 되었다. 2002 한일 월드컵 당시에는 다소 어설픈 형태의 축구 전용구장이었으나, 이후 종합운동장으로 변경되었다. 2015년에는 2015 광주 하계 유니버시아드 대회의 주경기장으로 활용되었다. 유니버사이드의 정상적인 준비와 진행을 위해 광주FC는 2개월 넘게 집을 비우고 10게임에 달하는 연속 원정경기를 치르기도 했다.

TICKET

좌석	일반석
성인	7,000
청소년	5,000

2015시즌 기준/단위(원)

 **TRAVEL**

5·18 자유공원

이곳은 5·18 민주화운동에 참여했던 시민들이 구금되었던 당시 상무대의 영창과 법정을 원형에 가깝게 재현한 곳이다. 실제 장소에서 얼마 떨어지지 않은 곳에 조성되어 있다.

LOCATION 광주광역시 서구 상무평화로 13

양림동 역사문화마을(우일선 사택, 양림교회, 이장우 가옥 등)

광주 남구에 있는 양림동은 광주에 기독교가 처음으로 들어온 곳이며, 100년이 넘는 문화 유물이 고스란히 남아 있는 지역이다. 조선 말기 상류층의 고택古宅과 외국인 선교사들의 사택私宅이 곳곳에 혼재해 시간 여행을 떠난 듯한 기분이 든다.

LOCATION 광주광역시 남구 양림동 일대

사직공원 전망타워

사직공원 전망대에서는 광주 시내가 한눈에 내려다보인다. 유리창이 아니라 널찍하게 열린 공간에서 시원한 바람을 맞으며 광주 시내와 마주할 수 있어 좋다.

LOCATION 광주광역시 광주광역시 남구 사직길 49-1
TIME 9:00~22:00

대인예술시장

대인예술시장은 1950년대 후반부터 광주의 대표적 재래시장이었으나 주요 관공서, 버스터미널 등이 다른 지역으로 이전하면서 급격히 쇠락했다. 게다가 주변에 대형 마트, 백화점이 들어서며 손님이 뜸해졌고, 많은 점포가 문을 닫았다. 그러던 지난 2007년 소수의 예술인이 모여 빈 점포를 저렴하게 임대해

184

작업실로 활용하기 시작하며 조금씩 활기를 되찾았다. 10년 가까이 시간이 지난 지금은 문화와 관광의 가치를 지닌 시장으로 탈바꿈했고, 대표적인 도시 재생 모델이 되었다.

LOCATION 광주광역시 동구 제봉로 194번길 7-1
TIME 8:00~21:00 (야시장 19:00~24:00)

 **FOOD**

평화식당

광주를 대표하는 젊음의 거리인 충장로에 있다. 매콤한 애호박찌개가 일품이다. 가혹한 역사 속에서 평화를 이룩해낸 도시, 광주의 식당다운 이름이다.

LOCATION 광주광역시 동구 서석로 7번길 6-27
TIME 24시간
PRICE · 김치찌개 6,000원 · 애호박찌개 7,000원

전주

JEONJU

난공불락의 전주성을 쌓다

최근 몇 년 사이 전주시와 전라북도를 연고지로 하는 축구팀 전북 현대모터스는 큰 변화를 맞았다. 전주는 연간 600만 명이 넘는 손님이 방문하는 관광도시로 성장했고, 전북 현대모터스는 한국을 넘어 아시아 최정상권의 축구팀으로 거듭났다. 5~6년 전에 짧은 일정으로 전주를 여행한 적이 있었지만, 다시 찾은 이곳의 공기는 사뭇 달랐다. 시내 곳곳을 가득 채운 시끌벅적함이 왠지 모르게 낯설고 어색하다.

여유와 소소한 아름다움이 넘치는 아담한 도시의 느낌을 주던 전주였는데, 이제는 어딜 가든 사람들의 발길이 끊이지 않는다. 달라진 전주의 모습이 축구팀 전북 현대모터스의 성장곡선과 묶여 연상된다면 축구 팬의 지나친 비약일까? 어찌 되었든 전북은 최근 10년 새 K리그에서 가장 눈부신 발전을 이룬 팀이다. 그 어떤 팀도 지난 10년간 전북만큼 많은 것들을 이뤄내지 못했다. 성적이면 성적, 흥행이면 흥행 두 마리 토끼를 놓치지 않았으며 구단의 공격적인 투자와 마케팅, 비전을 갖춘 운영까지 어느 하나 흠잡을 것이 없어 보인다. 현재 K리그에서 가장 '핫'한 팀이 전북이라는 것은 기실 두말 할 것도 없다.

전주의 북서쪽에는 마치 유럽의 축구장을 연상케 하는 스타디움이 있다. '전주성'이라는 별칭이 잘 어울리는 전주월드컵경기장이다. 전주를 상징하는 합죽선 부채와 솟대, 가야금의 12현 등이 형상화된 경기장의 외형은 한국적 색채가 듬뿍 묻어난다. 경기장은 유럽 어느 스타디움 못지않은 축구 열기로 뜨겁다. 2015년 여름 어느 날, 최강희 감독은 좌석의

75퍼센트 이상을 메워준 3만 1,000여 명의 관중 앞에서 감사의 마음을 담아 흥겹게 춤을 춘 적이 있다. 단순히 많은 관중이 경기장을 찾아서가 아니라 홈팬들이 보여준 뜨거운 성원에 감동했기 때문이다.

　그렇다. '전주성'이라는 별칭은 경기장의 외관이 전주성을 닮아 붙은 것이 아니다. 전주월드컵경기장이 내뿜는 기운이 마치 전장 한가운데의 성 같은 느낌을 주기에 그런 이름이 생겼다고 생각한다. 전주에 원정 경기를 치르러 오는 상대팀 선수들이나 팀에 힘을 실어주기 위해 함께하는 서포터스와 축구 팬들도 난공불락의 성에 오르고야 말겠다는 의지를 가져야 겨우겨우 승부를 해볼 법한 경기장이라는 말이다.

전주월드컵경기장이 전주시의 중심에서 너무 벗어난 외곽에 지어진 게 아니냐는 불만을 갖는 사람도 더러 있지만, 전북 현대의 공식 연고지는 전주시가 아닌 전라북도 전역이다. 넓은 시야를 가진 팬들은 익산, 김제, 완주 등 전북의 다른 지역 축구 팬들까지 함께 모여 응원할 수 있으니 최적의 입지 조건을 가진 것이라고 한다. 그러니 진정 전북의 축구를 사랑하는 전주 시민이라면 전북 현대의 홈구장이 전주에 있다는 것에 뿌듯한 마음을 갖는 것이 좋지 않을까?

'명장' 최강희 감독과 행복한 동행

전북은 창단 15년 만에 처음으로 K리그 타이틀을 거머쥐었다. 현재의 위상을 생각하면 전북이 한국 챔피언이 되기까지 15년이나 걸렸다는 게 의아하지만, 사실 전북은 다이노스라는 이름으로 창단한 1994년 이후 꽤 오랫동안 중하위권을 벗어나지 못했다. 2000년대에 들어서며 FA컵을 세 차례(2000년, 2003년, 2005년) 차지하긴 했지만, 여전히 리그 성적은 중위권을 맴돌았다. 하지만 최강희 감독이 부임하며 팀은 서서히 달라지기 시작했고, 2006년은 전북의 역사에서 매우 중요한 해가 되었다.

2006시즌 전북 현대는 AFC 아시아챔피언스리그 정상에 오르는 쾌거를 달성했다. K리그팀이 AFC 클럽 대항전에서 우승을 차지한 것은 아시아클럽챔피언십과 아시안컵위너스컵이 통합되어 아시아챔피언스리그

가 탄생한 2003년 이후 최초의 일이었다. 당시 전북은 일본의 감바 오사카, 중국의 다롄 스더 같은 아시아의 전통 강호, 다크호스로 꼽히던 베트남의 다낭과 한 조에 편성되며 1라운드 통과가 불투명했다. 하지만 막상 대회가 시작되자 역전승을 거듭하며 가파른 페이스로 정상을 향해 내달렸다.

전북의 놀라운 선전은 전북 팬은 물론 국내 축구 팬에게도 즐거운 소식이었지만, 아직 '전북=아시아챔피언'이라는 등식은 성립하기 어려운 명제로 받아들여졌다. 심지어 4강전에서 울산 현대와 맞붙게 되었을 때는 상대적으로 우승 가능성이 높은 울산에 결승 진출을 양보하는 것이 한국 클럽 최초의 아시아챔피언스리그 우승이라는 대의를 위해 좋지 않겠느냐는 의견이 있을 정도였다. 하지만 전북은 울산마저 역전으로 꺾고, 결승에서는 시리아의 알 카라마 SC를 한 골차로 따돌리며 기어이 아시아 정상에 오른다.

이때 결승전을 취재했던 한 중국 기자가 최강희 감독의 한자 이름이 중국 청나라의 강희대제康熙大帝의 것과 같다는 걸 발견해 '강희대제'라는 닉네임을 붙였다. 하지만 정작 최강희 감독은 이 별칭을 부담스러워하고 팬들이 지어준 별칭 '봉동이장'을 더 좋아한다. 봉동읍은 전북 현대의 클럽하우스가 있는 완주군의 한 지역이다.

그렇게 '봉동이장' 최강희 감독과 전북 현대모터스의 행복한 동행은 본격화되었다. 물론 어려운 순간이 없었던 것은 아니다. 2008년 초 부진한 성적을 보여 서포터스에게 사퇴 압박을 받은 적도 있었고, 원치 않았

MAXCRUZ
JEONBUK
1994
전북현대모터스 FC
JEONBUK HYUNDAI MOTORS FOOTBALL CLUB
AVANTE
OVER THE CLASS

던 국가대표팀 감독직을 수락해 많은 논란 속에 잠시 팀을 떠나기도 했다. 하지만 2013시즌 도중 복귀해 빠른 시간에 팀을 재정비했고, K리그 클래식의 첫 시즌을 3위라는 무난한 성적으로 마감했다. 잘 알다시피 2014년과 2015년은 연속 우승을 차지했다. 지난 5년간 전북의 순위는 '1위→2위→3위→1위→1위'. 명실상부 K리그 1강으로 칭할 만하다.

전북의 '공룡'이자 '모터'였던 중심 선수들을 떠올려본다. 초창기의 전북을 생각하면 장신 투톱 김도훈과 비탈리가 바로 떠오른다. 당시 K리그 최강의 공격 듀오였던 포항의 황선홍-라데 조합을 매섭게 추격했던 콤비다. 당시에는 국내 선수와 동유럽 선수가 짝을 이루는 투톱이 참 많았다. 안양의 최용수-스카첸코도 그 뒤를 쫓았고, 고정된 투톱은 아니었으나 훗날 수원의 박건하-샤샤, 부산의 안정환-마니치 조합 역시 비슷했다.

창단 멤버이자 명실상부한 초기 전북의 주춧돌이었던 김도훈은 전성기에 잠시 J리그로 떠나 있기도 했고, 선수 생활의 만년은 성남에서 보내다 은퇴했으니 전북으로서는 좀 아쉽다. 2002 한일 월드컵 이후로는 수비수 최진철이 전북의 간판스타로 급부상했다. 최진철은 12년 동안 오직 전북 한 팀에서만 선수 생활을 하며 통산 30골 가까이 득점한 골 넣는 수비수였다. 대표팀에서도 4골이나 터뜨렸는데, 10년의 나이 차가 있는 공격형 수비수 곽태휘와 여러모로 비슷하다.

최진철보다는 조금 짧게 활약했으나 10년 넘게 녹색 유니폼을 입었던 미드필더 김경량 역시 전북의 레전드로 불리기에 충분한 선수다. 가장 화려했던 한때를 함께한 판타지스타 김형범, 파괴력 넘쳤던 흑상어 박성배,

중요한 수비 자원 김현수·서혁수·임유환·조성환·김상식·최은성, 훌륭한 퍼포먼스를 선보였던 마그노·에드미우손·보띠·에닝요·윌킨슨 같은 외국인 선수도 축구 팬의 기억에 남은 이름이다. 또한 단 1년간 전북 소속으로 뛰었음에도 잊히지 않는 순간을 여럿 남긴 조재진 역시 전북의 중요한 인물 중 하나다.

현재진행형의 레전드로는 리그 최정상급 골키퍼 권순태, 브라질리안 크랙 레오나르도, 투지 넘치는 풀백 최철순, 전북에서 화려하게 재기에 성공한 한국 최고의 스트라이커 이동국을 생각할 수 있겠다. 또한 이재성을 필두로 하는 즐비한 신형 엔진들과 이종호·고무열·김보경·로페즈·김신욱 같은 이적생 역시 2016시즌 전북을 더욱 높이 비상시킬 것으로 기대를 모은다.

전주월드컵경기장

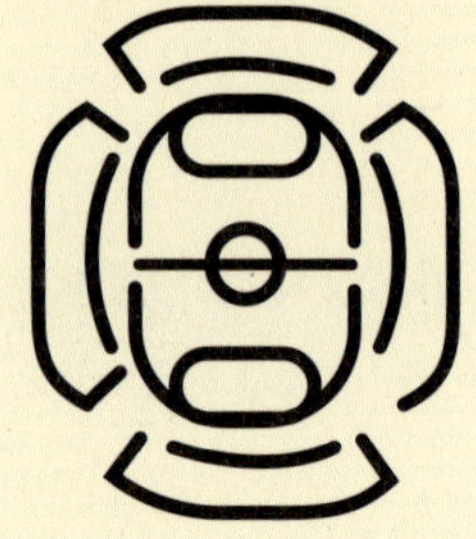

별칭 전주성
위치 전라북도 전주시 덕진구 기린대로 1055 (반월동)
교통 KTX 전주역에서 버스로 50분
　　　전주고속버스터미널에서 버스로 40분
수용 인원 약 4만 2,500명
개장 2001년 11월

2002시즌부터 전북 현대모터스의 홈경기가 열리고 있는 축구전용구장. '전주성'이라는 별칭으로 불리는데, 사실 그 별칭은 과거 홈구장이었던 전주종합경기장의 것이었다. 전주종합경기장의 외형 일부가 성의 모습을 닮아 붙여진 이름이었으나, 홈구장이 바뀐 후에도 별칭은 그대로 이어지고 있다. 일체형이 아니라 4개의 스탠드로 나뉘어 있는 관중석이 보통의 K리그 경기장과 다르다.

TICKET

좌석	W 지정석	W 비지정석	E/N/S 비지정석	VIP석
성인	20,000	15,000	12,000	25,000
청소년	17,000	10,000	7,000	20,000
어린이	15,000	8,000	5,000	17,000

2015시즌 기준/단위(원)

 **TRAVEL**

전주한옥마을

태조 이성계의 어진이 있는 경기전과 맞은편의 전동성당에서부터 풍남동, 교동 일대에는 600채에 가까운 한옥 주택들이 모여 있는데 이를 통틀어 전주한옥마을 이라 부른다. 현재는 전주를 대표하는 명소다.

LOCATION 전라북도 전주시 완산구 교동 일대

전동성당

한옥마을 초입에 있는 전동성당은 젊은 커플의 기념 촬영 장소로 인기가 많다. 호남 지역에서 가장 오래된 근대 서양식 건축물인 이 성당이 조선 중기에 지어진 전통 건축 경기전 바로 맞은편에서 서로 바라보고 있다는 것이 참 이색적이다.

LOCATION 전라북도 전주시 완산구 태조로 51
TIME 9:00~18:00

남부시장, 청년몰

남부시장은 500년 넘는 역사를 자랑하는 전주 최고最古 · 최대의 시장이다. 요즘 남부시장은 청년몰이 있는 시장으로 더 주목을 받고 있다. 토요일에는 격주로 청년 야시장이 열리기도 한다.

LOCATION 전라북도 전주시 완산구 풍남문2길 63
TIME 9:00~20:00(청년몰 11:00~24:00)

루이엘모자박물관

이곳은 아시아 최초, 국내 유일의 모자 박물관이다. 전주한옥마을에서 10분 정도만 걸으면 만날 수 있는 이 박물관은 모자 전문 디자이너 설리 천이 개인 수집품과 기증받은 물품 등 수백 종의 모자를 모아 2010년에 개관한 곳이다. 1층은 다양한 모자를 구입할 수 있는 상점과 갤러리, 카페 등으로 구성되어 있고, 2층에서는 세계 각국의 전통 모자와 현대식 모자를 만나볼 수 있다. 사전에 예약하면 직접 모자를 만들어볼 수 있다.

LOCATION 전라북도 전주시 완산구 전동성당길 8
TIME 10:00~20:00
PRICE 1,000원

다우랑 수제 만두

세모난 철판새우군만두가 이곳의 주력 메뉴. 물론 다른 만두들도 모두 맛있다. 새우 만두는 단 2개만 먹어도 식사 대용으로 충분하다. 사람들이 길게 줄을 설 만큼 인기가 많은 집이다.

LOCATION 전라북도 전주시 완산구 태조로 33
TIME 11:30~22:30
PRICE • 잡채튀김만두 1,500원
　　　　 • 철판새우군만두 2,000원

삼번집 콩나물국밥

남부시장에 있는 50년 역사를 자랑하는 콩나물국밥집이다. 이곳에서 콩나물국밥 한 그릇에 모주 한잔을 기울어보자.

LOCATION 전라북도 전주시 완산구 전동 303-186
　　　　　　 남부시장
TIME 9:00~21:00
PRICE • 콩나물국밥 6,000원 • 모주 1,000원

광양

GWANGYANG

큰 '용들의 소굴' 광양

전남 드래곤즈의 홈구장이 있는 광양에 왔다. 전라남도의 광양시는 인구 15만 명의 크지 않은 도시지만, '경제'와 '축구'라는 키워드로 보면 한국에서 큰 의미를 갖는 곳이다. 광양제철소의 조강條鋼 생산량은 세계 최정상급이며, 선박용 후판, 자동차 강판 등의 분야에서도 세계 1~2위를 다툰다. 또한 광양항의 컨테이너 부두는 동북아 물류의 새로운 허브로 부상하고 있다.

하지만 다른 무엇보다 축구의 관점에서, 포항 스틸야드에 이어 한국에서 두 번째로 지어진 축구전용구장이 광양에 있다는 사실이 중요하다. 과거 포항제철과 광양제철을 이끌었던 열혈 축구 팬 박태준 회장의 힘이 크다. 광양축구전용구장은 약 1만 3,500명의 관중을 수용할 수 있는데, 축구 팬들에게 K리그에서 가장 이상적인 규모를 가진 경기장이라는 호평을 듣는다. 15만 명이 조금 넘는 광양의 인구를 감안하면 그야말로 안성맞춤인 구장이다.

단순히 인구만을 가지고 스포츠마케팅의 시장성을 생각할 수는 없겠으나, 개인적으로는 인구 50만 명 이하의 도시는 1만 5,000명 정도의 수용 인원을 가진 축구전용구장, 100만 명 이하의 도시는 3만 석 안팎의 관중석을 갖춘 경기장이 있었으면 좋겠다. 전주월드컵경기장이나 수원월드컵경기장을 생각하면, 더 규모가 있는 축구장이 있어도 무리는 없겠지만, K리그의 평균 관중을 생각할 때 5만 석 이상의 경기장은 구단과 선수, 팬 모두에게 적지 않은 부담이다.

광양축구전용구장에 관한 놀라운 사실 하나는 애초에 이 경기장이 광양제철 직원들의 체육 활동을 위해 지어졌다는 것이다. 경기장이 준공된 것은 1992년 9월의 일이었고, 전남 드래곤즈가 창단한 것은 그보다 2년 늦은 1994년 12월의 일이다. 그 사이에는 포항제철 축구단의 제2홈구장 역할을 했다. 실제 개장 기념 경기는 1993년 3월 포항제철과 중국 클럽 다롄 스더의 맞대결이었다. 지금 생각하면 이해하기 어려운 그림이지만, 모기업이 같고 전남 지역에 다른 프로팀이 없었다는 배경을 생각하면 이상할 것도 없다.

전남 드래곤즈가 1995년 K리그 무대에 데뷔하면서 광양축구전용구장도 준공 3년 만에 많은 미디어의 주목을 받았다. 이곳의 별칭은 '던전' 혹은 '드래곤 던전'이다. 던전dungeon은 지하에 있는 감옥을 뜻하지만, 게임,

판타지 소설, 영화 등으로 만들어져 큰 인기를 모은 '던전 앤 드래곤'의 영향으로 팬들 사이에서 괴물이나 악당이 모여 있는 동굴, 소굴이라는 개념으로 쓰이고 있다. 전남의 상징이 용이니, 꽤 적절한 이름 아닐까?

던전에서는 그냥 축구 하나에만 집중하는 것이 시간을 가장 흐뭇하게 보내는 방법이다. 그라운드와 관중석의 거리가 매우 가깝고 관중석의 경사도 적당해 어디에 앉든 탁 트인 시야로 축구와 만날 수 있다. 광양축구전용구장의 진짜 매력은 현장의 소리다. 선수들의 외침, 판정에 불만을 품은 선수의 항의 소리, 축구화와 축구공, 몸과 몸이 맞부딪히는 모든 소리가 생생히 귀에 들어온다. 이처럼 최고의 관전 환경을 갖추고 있음에도 티켓 가격이 매우 저렴하다는 것도 크나큰 메리트다.

광양축구전용구장은 포항 스틸야드처럼 제철소 부지 안에 있어서 시내 중심지에서 대중교통으로 방문하기에는 접근성이 다소 떨어진다. 게다가 경기장 주변에서 즐길 거리나 먹거리를 찾기 어렵다는 것도 분명 아쉬움이 남는 부분이다. 하지만 축구장에는 축구를 보러 가는 것이지, 다른 즐거움을 찾으러 가는 것은 아니지 않나? 그것이 관전 문화의 측면에서 축구와 야구의 가장 큰 차이점이라고 생각한다.

스포츠의 엔터테인먼트화가 점차 진행되면서 축구장에서도 경기 외적인 즐거움을 찾고자 하는 관중이 많아지고 있지만, 광양구장 같은 '고전적' 느낌의 축구장도 그 나름의 그 존재 가치가 있을 것이다.

쉽게 지지 않는 팀, 전남 드래곤즈

전남 드래곤즈는 1994년에 창단해 이듬해인 1995시즌 K리그에 데뷔했다. 수원 삼성 블루윙즈보다 한 학년 높다. 하지만 단순히 학번만 하나 빠른 선배일 뿐, 후배가 성적표를 들고 와서 이런저런 조언을 구하고자 하면 절로 고개가 숙여지는 고만고만한 선배다. 하지만 창단 직후 몇 년간은 기대 이상의 성적을 거두며 충분한 가능성을 보여줘, 이내 K리그의 신흥 강호로 자리매김할 거라는 전망도 있었다.

특히 1997시즌이 대단했다. 리그에서 2위에 올랐고, 리그컵은 준우승을 차지했으며, FA컵에서 구단 최초의 타이틀을 거머쥐었다. 1998년과 1999년에도 리그에서 각각 4위, 3위를 차지할 만큼 인상적인 커리어를 쌓아나갔다. 창단 첫 시즌부터 리그 5년차를 맞이할 때까지 '5위→6위→2위→4위→3위'이라는 중상위권 이상의 최종 성적을 거두면서 안정적인

성장세를 보여줬다. 게다가 1999년에는 아시아 각국의 FA컵 우승팀들이 경쟁하는 아시안컵위너스컵 대회에서 준우승을 차지하며 아시아 무대에도 이름을 알렸다.

대부분의 신생팀이 창단 후 몇 년간은 기존 팀들의 승점 자판기 노릇을 하는 것이 예삿일인데 전남은 마치 꿈같은 다섯 돌을 보냈다고 할 수 있다. 하지만 초기에 너무 많은 힘을 기울인 것일까? 아니면 전남이라는 팀에 주어진 행운의 절대량을 이미 다 써버린 것일까? 이후 전남의 성적은 조금씩 하락세를 보이기 시작했다. 물론 나름 기초가 잘 다져진 팀이었기에 순위가 곤두박질치지는 않았으나 점차 하위권에 머무는 시즌이 많아졌다. 간혹 예전처럼 3~5위의 성적을 거둘 때도 있었지만, 2005시즌 이후로는 두 자릿수의 순위표를 받는 일이 많다.

그러나 잦은 부침 속에서도 긍정의 실마리를 완전히 잃지는 않았다. 단기전, 토너먼트에서만큼은 확실한 강자의 이미지를 구축하며 존재감을 내보인 것이다. 2006~2007년 연속 우승을 달성한 것을 포함해 FA컵에서 통산 세 차례나 정상에 올랐으며, 리그컵 준우승도 3회나 달성했다. 역대 FA컵 대회에서 4강에 진출한 횟수는 무려 8회다.

과거 전남 드래곤즈를 이끌며 이런 기록을 달성한 지도자가 바로 허정무 감독이다. 허정무 감독은 두 차례에 걸쳐 각각 3시즌 동안 전남을 이끌었으며, 여러 컵 대회에서 호성적을 거뒀다. 리그 성적은 아쉬운 감이 없지 않았으나, 대체적으로 성공적인 감독 생활을 보낸 것으로 평가한다. 물론 리그에서 9경기 연속 무승부라는 진기록을 나으며 '무 재배의 달인'이라는 악성 별칭이 붙기도 했지만, 달리 생각하면 전남을 쉽게 지지 않는 팀으로 만들었다고 볼 수도 있다.

그밖에 2002 한일 월드컵에서 히딩크 감독을 보좌했던 박항서, 정해성 감독도 전남에서 두어 시즌을 보냈으며, 현재는 전남 드래곤즈의 창단 멤버였던 레전드 노상래 감독이 팀을 이끌고 있다. 팀을 대표하는 간판 선수였던 노상래 감독은 데뷔 첫 시즌부터 득점왕을 차지하며 신인상을 거머쥔 K리그 정상의 센터포워드였다. 과거 절친한 동료였던 프랜차이즈 수비수 김태영 수석코치와 함께 2015시즌부터 새로운 용들을 키워가고 있다.

2015년 전남에는 재미있는 이슈가 하나 있었는데 노상래 감독과 김태영 코치 그리고 골키퍼 김병지 선수가 동갑내기 친구라는 사실이었다. 오랜 프로 축구 역사를 가진 유럽이나 남미에서나 찾아볼 법한 에피소드라, 많은 언론의 주목을 받았다. 감독과 수석코치를 제외한 모든 코칭스태프는 김병지 선수보다 몇 살 어린 후배 축구인이었다.

감독과 수석코치로, 과거의 전남과 현재의 전남을 아우르는 '캐넌슈터' 노상래, '아파치' 김태영, 공수의 두 거탑을 이을 만한 레전드 선수로는 영리한 미드필더 임관식, 리그 최정상 센터백인 브라질의 마시엘, 10년 가까이 전남 유니폼을 입었던 미드필더 김도근, 수비수 김현수가 있다. 그밖에 팀을 거쳐 간 빅네임 선수로는 김정혁 · 강철 · 신병호 · 김남일 · 김영광 · 백지훈 · 세자르 · 찌코 · 네아가 · 노병준 · 곽태휘 · 김진규 · 김치우 · 강민수 · 윤석영 · 지동원을 꼽을 수 있겠다.

현재 스쿼드에서는 2002 한일 월드컵 멤버 중 마지막 현역 선수인 현

18:55
SAMIK
0
전남 : 광주
0 전 0
posco
전남드래곤즈의
리를 믿습니까
케이원테크(주)
힘 토지열정
11
17 19 20 22 27 30
오 이 김 고 이 한
재 역 병 솔 유
사 철 목 전 신
Hyundai Oilbank K LEAGUE CLASSIC
SNNC G 게토레이 코에너지
포 94
pos

영민, 베테랑 측면 수비수 최효진, K리그의 강팀을 여러 차례 거친 마케도니아 장신 공격수 스테보, 크로아티아 특급 오르샤가 중심을 잡고 있다. 전남 유스 출신의 꽃미남 미드필더 김영욱과 U-23 대표팀의 이슬찬은 향후 레전드로 성장하기에 손색없는 영건이다. 살아 있는 전설인 골키퍼 김병지와 재계약을 하지 않은 것, 매년 10골 이상은 잡아줄 수 있는 공격수 '광양 루니' 이종호를 전북에 내준 것은 2016시즌의 큰 전력 누수다.

광양축구전용구장

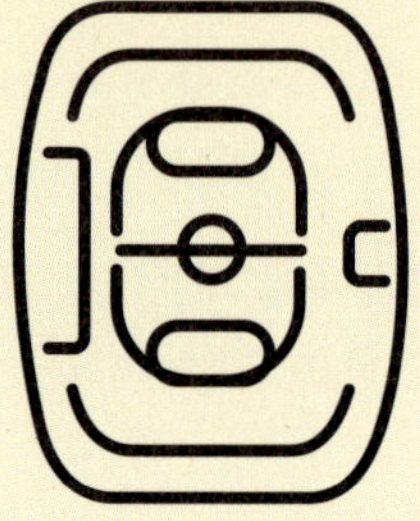

별칭   드래곤 덴전
위치   전라남도 광양시 폭포사랑길 20-26 (금호동)
교통   중마버스터미널에서 버스로 25분
         경전선 광양역에서 버스로 1시간
수용 인원   약 1만 3,500명
개장   1993년 3월

대한민국에서 두 번째로 건설된 축구전용경기장. 많은 축구 팬들이 지방 중소 도시에 최적화된 K리그 맞춤형 구장으로 이곳을 꼽는다. 최대 수용 인원은 약 2만 명. 경기장 바깥에 설치된 조명탑이 그라운드에서 꽤 멀리 떨어져 있다는 점이 특이한데, 이는 훗날 있을지 모를 관중석 증축을 고려한 것이라고 한다. 조명탑의 라이트 부분이 워낙 높이 있어 경기 관전에는 영향을 주지 않는다. 경기장의 위치가 바다와 가까워 바닷바람을 맞으면서 경기를 볼 수 있다는 게 매력적이다.

TICKET

좌석	일반석
성인	9,000
청소년	4,000
어린이	3,000

2015시즌 기준/단위(원)

TRAVEL

광양장도박물관

국내 유일의 장도박물관인 광양장도박물관은 광양시와 무형문화재 박용기가 함께 문을 연 곳으로, 그가 60년 넘게 만들어온 각종 장도와 세계 각국에서 수집한 검이 전시되어 있다. 장도 제작에 쓰이는 공구와 작업장도 볼 수 있으며, 체험 학습을 할 수 있는 공간도 마련되어 있다.

LOCATION 전라남도 광양시 광양읍 매천로 771
TIME 9:30~19:00

광양역사문화관, 광양향교

일제강점기 때 지어진 광양 군청 건물에 개관한 광양역사문화관도 볼 만하다. 상설전시실과 기획전시실에서 광양 지역의 역사와 문화와 인물, 관광 명소를 한눈에 살필 수 있다. 이곳에서 15분쯤 걸으면 나오는 광양향교에 들르는 것도 추천한다.

LOCATION 전라남도 광양시 광양읍 향교길 63-1
TIME 9:00~21:00

망덕포구(윤동주 유고 보존 가옥)

망덕포구는 해마다 섬진강 문화축제가 열리는 곳으로, 이곳의 전어 요리는 전국적으로 유명하다. 이곳에는 윤동주의 유고 시집 『하늘과 바람과 별과 시』의 원본이 보존된 가옥도 있다.

LOCATION 전라남도 광양시 진월면 망덕길 249

이순신대교

이순신대교는 주탑의 높이가 270미터인 현수교로 서울의 랜드마크인 남산타워나 63빌딩보다 높다. 두 주탑 사이의 거리는 1,545미터인데 이는 충무공 이순신 장군이 태어난 1545년을 기리기 위한 것이라고 한다.

LOCATION 전라남도 광양시 제철로 1655-250

소향

중마버스터미널 맞은편에 있는 중화요리집이다. 건물에서부터 중화풍이 강하게 느껴진다. 가게의 대표 메뉴는 굴탕면으로, 굴이 셀 수도 없을 만큼 많이 들어 있다. 시원한 바다의 맛이 느껴지는 굴과 얼큰한 국물의 조화가 좋다. 시원한 맥주와 함께 먹으면 금상첨화다.

LOCATION 전라남도 광양시 공영로 98
TIME 10:00~22:00
PRICE •굴탕면 7,000원 •닭고기볶음밥 6,000원 •짜장면 5,000원

DAEGU
ULSAN
SANGJU
POHANG
BUSAN
CHANGWON

대구

DAEGU

아직 이루어지지 않은 대구의 '하늘색 꿈'

대구에서 가장 많이 들었던 말은 다음과 같다. "대구에는 뭐 하러 오셨어요?", "여행이요? 대구는 구경할 만한 게 별로 없는데, 내가 대구 사람이지만 여긴 참 볼 거 없어요." 하지만 나는 그렇게 생각하지 않는다. 대구도 제법 특색 있는 아름다운 도시다. 대구에서 세계육상선수권대회가 열렸던 2011년, 대회 개막식과 몇 개의 트랙 경기를 관전하고 대구의 명소를 둘러본 적이 있다. 당시에는 대구를 무채색의 공업 도시라고 생각했다.

그러나 아는 만큼 보인다고 해야 할까? 시간이 지나 다시 찾은 대구는 몇 년 전 아무것도 모르고 왔을 때보다 훨씬 더 아름다웠다. 축구 한 게임과 더불어 하루를 뜻깊게 보내기에는 충분한 곳이다. 오히려 별다른 색깔이 없는 수도권 도시보다 볼거리가 더 많은 곳이 대구다. 여행지로 잘 알려지지 못했을 뿐 머지않아 대구의 아름다움을 알게 되는 이들이 많아질 것이라고 믿는다.

대구에서 가장 먼저 찾아가볼 곳은 대구스타디움이다. 대구월드컵경기장이라는 이름이 입에 붙어 대구스타디움이라고 부르는 게 익숙지 않은데, 지난 2008년부터 이곳의 공식 명칭은 대구스타디움이 되었다. 2002 한일 월드컵을 앞두고 지어졌기에 준공 당시의 이름은 대구월드컵경기장이었으나, 2003년에는 대구 유니버시아드 대회의 주경기장으로 쓰였고, 2011년 대구세계육상선수권대회의 메인 스타디움으로 결정되면서 경기장 이름에서 '월드컵'이 빠졌다.

이곳은 월드컵, 세계육상선수권, 유니버시아드 등 세계적인 스포츠 이벤트가 많이 개최된 대형 종합운동장이다. 좌석 수는 6만 6,400여 석에 달하고, 최대 수용 인원은 약 8만 명이다. 서울월드컵경기장보다 수용 인원이 조금 적으나, 당시 건설된 종합운동장 중에서는 가장 많은 관중을 수용할 수 있다. 2002 한일 월드컵 경기장 중 한국 팀의 경기가 두 차례 열린 유일한 곳이기도 하다. 미국에 비기고 터키에 패했으니 결과는 좋지 않았지만.

2003년부터 K리그에 뛰어든 시민 구단 대구FC가 홈구장으로 쓰고 있으며, 널리 알려진 이름은 아니지만 블루아크Blue Arc라는 별칭이 있다. 거대한 규모 덕분에 대규모 스포츠 이벤트에 자주 활용된 국제적 경기장이지만, 그라운드와 관중석의 거리가 너무나 멀어 축구장으로는 적합하지 않다. 가변좌석이 일부 설치되어 있기는 하나, 부산아시아드주경기장과 함께 K리그 경기장 중 시야가 안 좋은 곳으로 꼽힌다. 또한 약 1만 명의 관중이 입장해도 좌석 점유율은 20퍼센트가 채 안 되어 뜨거운 분위기가 조성되기 어렵다.

개인적으로는 동쪽과 서쪽에 각각 2,000석, 남쪽과 북쪽에 각각 1,000석씩 가변좌석을 설치하면 좋겠다. 일단 6,000석 정도의 좌석을 활용하다가 향후 K리그 클래식으로 재진입해 관중 동원에 탄력을 받으면 가변좌석을 더 설치해도 괜찮으니까. 물론 아담한 축구전용구장이 하나 생긴다면 얼마나 좋을까만. 대구 팬들에게 고무적인 소식은, 대구시 측에서 현재의 시민운동장을 1만 5,000명의 수용 인원을 가진 축구전용구장으로 리모델링하려는 계획을 갖고 있다는 것이다. 이 안이 확정된다면 2018시즌, 늦어도 2019시즌에는 최적의 축구장을 만날 수 있을 것이다.

대구스타디움에 장점이 전혀 없는 것은 아니다. 주변 경관이 뛰어나고 시민들을 위한 체육 시설과 휴식 공간이 경기장 안팎에 잘 갖춰져 있는

것은 꽤나 매력적이다. 경기가 열리지 않는 날에도 이곳을 찾아 시간을 보내거나 조깅이나 산책을 즐기는 주민이 상당히 많다. 2011년 대구세계육상선수권대회를 앞두고 설치된 하늘색 육상 트랙은 산뜻하며, 초가지붕의 곡선미를 응용한 경기장의 외관은 간결하고 보기 좋다.

하지만 결국 프로스포츠의 흥행은 성적에 좌우되는 것이 아닌가? 대구 FC가 좋은 기량을 펼치며 결과를 만들어간다면, 언젠가는 대구에 야구

경상권

못지않은 축구 붐이 조성될 것이라고 믿는다. 아무 근거 없이 장밋빛 낙관으로 하는 말이 아니다. 2003년 대구FC의 창단 첫 홈경기에 몰린 관중은 무려 4만 5,000여 명이었다. 당시 K리그 역사에서 최다 관중이 입장한 경기였다.

또한 K리그 챌린지의 최다 관중 기록도 대구스타디움이 가지고 있다. 대구FC는 2015년 강원FC와의 리그 개막전에서 2만 명 이상의 관중을 동원해 K리그 클래식팀들도 부러워할 만한 열기를 보여주었다. 한 번 붙은 불이 얼마 가지 못하고 사그라진 이유는 구단 차원에서 고민해야 할 문제이지 시민들에게서 원인을 찾을 수는 없을 것이다.

어쩌면 이곳에서 프로 축구가 열린다는 것을 모르는 사람들도 있지 않을까 생각이 든다. 경기장 앞에 세워진 우사인 볼트와 살비(2011년 대구세계육상선수권대회 마스코트) 대형 입간판에 대구FC 유니폼이라도 한 벌 입혀서 사람들에게 이곳이 축구장임을 알릴 필요가 있다고 본다. 시내 중심가에서 제법 벗어나 있어서 그저 이곳을 지나다니기만 한 이들은 과거 육상 대회가 열렸던 텅 빈 경기장 정도로 여길지도 모를 일이다.

K리그 최초로 'FC'가 되다

2002년 가을, 한국 프로 축구의 11번째 구단이자 최초의 시민 구단으로 창단된 대구FC는 창단 이듬해인 2003년부터 K리그에 참가했다. 1997년에 창단한 대전 시티즌을 최초의 시민 구단으로 알고 있는 이들도 있지만, 당시 대전 구단은 동아건설, 계룡건설, 동양백화점 등 대전과 충청도 지역에 기반을 둔 기업들이 컨소시엄을 이루어 출범시켰고, 완전한 시민 구단으로 전환된 것은 그로부터 10년이 지난 2006년의 일이었다.

지금은 웃으면서 할 수 있는 이야기지만, 대구시민프로축구단의 최초 공식 명칭은 대구 이글스였다. 대구를 상징하는 새인 독수리에서 팀 이름을 따온 것. 그러나 대전이 연고인 프로야구팀 한화 이글스와 겹치는 이름인 데다가 팀 이름에 동물을 붙이는 것은 이미 한물간 작명법이었기에 많은 시민의 반발을 샀다. 결국 프로 축구 최초의 시민 구단이라는 뜻에 잘 맞는 'FCFootball Club'를 대구 뒤에 붙여 대구FC로 변경 확정되었다. 구단 명칭에 FC가 붙은 것 역시 K리그 역사에서 대구가 최초다. 그후 팀 이름에 FC를 붙인 구단은 무려 10개로 늘었다.

2003년부터 K리그에서 경쟁을 시작한 대구FC는 데뷔 시즌 11위라는 성적을 거둔 이후 늘 중하위권을 맴돌았다. 가장 좋은 성적은 2006시즌의 7위였다. 그 밖의 거의 모든 시즌은 두 자릿수의 성적표를 받아야 했으며, 2부 리그가 탄생해 승강제가 도입된 2013시즌에는 리그 13위에 머물며 강등의 아픔을 맛보았다. 그 후 K리그 챌린지에서 2시즌을 보냈으며 1부 리그 재진입에 실패한 채로 2016시즌을 맞았다.

재정적으로 넉넉지 않은 시민 구단인 탓에 13년의 역사에도 많은 스타 플레이어들을 보유하지는 못했다. 그럼에도 대구를 거쳐간 선수 중 K리그에서 이름을 날렸던 이들을 꼽자면 노상래·송정현·이상일·백민철·홍순학·이근호·하대성·오장은·황일수·김기희·노나또·산드로 히로시·노병준·조나탄이 있다. K리그 챌린지에서 2시즌 동안 무려

                                                    경상권

Daegu
2011
Daegu
25일(토) 19:30

40골을 득점하며 '대구 호날두'로 불렸던 MVP 조나탄의 부재는 2016시즌 대구 스쿼드를 훑어볼 때 가장 아쉬움이 큰 지점이다.

　시민 구단의 형편상 부자 구단과의 머니게임에서 능력 있는 선수를 지키는 일은 매우 어렵기에 대구에서 5년 이상 플레이한 선수는 흔하지 않다. 그럼에도 오로지 대구FC에서만 선수 생활을 하며 원클럽맨으로 은퇴한 수비수가 있으니 바로 박종진이다. 그의 백넘버 24번은 현재 결번으로 남아 있다. 창단 멤버로 12년간 활약하며 대구를 떠나지 않은 그의 헌신을 높이 평가해 구단 측은 2015시즌부터 등번호 24번을 12년간 결번하기로 했다. 화려한 스타 플레이어가 아니었기에 영구결번의 영예까지 누리지는 못했으나, 대구FC에서 프로 커리어의 전부를 불태운 레전드 선수를 위한 구단의 결정은 따뜻하고 속 깊다.

대구스타디움

별칭 블루아크
위치 대구광역시 수성구 유니버시아드로 180 (대흥동)
교통 대구 지하철 2호선 고산역에서 버스로 20분
　　　대구동부정류장에서 버스로 40분
수용 인원 약 6만 6,400명
개장 2001년 6월

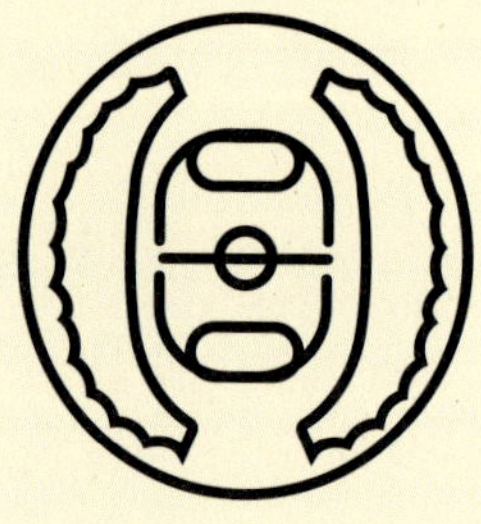

2003시즌 한국 프로 축구에 뛰어든 대구FC의 홈구장. 안타깝게도 K리그의 현실적인 열기에 비해 규모가 너무나 크다는 것이 단점인 매머드급 종합운동장. 가장 적은 수용 인원(약 5,200명)을 가진 잠실종합운동장 '레울파크'의 12배에 달하는 엄청난 관중석을 갖고 있다. 좌석이 워낙 많아 텅 빈 느낌을 주는 경기장 분위기도 문제지만, 그라운드에서 관중석까지의 거리가 너무 멀어 축구 경기 관전에 불편함이 따른다는 점이 더 큰 문제다. 하지만 2002 한일 월드컵 직전에 지어진 경기장답게 시설이나 주변 경관은 매우 훌륭하다.

TICKET

좌석	일반석	원정석	가변석	테이블석
성인	10,000	10,000		
청소년	5,000	5,000	15,000	30,000(2인)
어린이	3,000	3,000		

2015시즌 기준/단위(원)

TRAVEL

근대문화골목(계산성당, 제일교회, 선교사 사택)

'대구 중구 골목 투어'는 경상감영 달성길, 근대문화골목, 패션한방길, 삼덕봉산문화길, 남산100년 향수길 등 총 5개의 길로 구성된다. 이 중 사람들에게 가장 많은 사랑을 받는 코스는 2코스 근대문화골목이다. 2코스는 총 이동거리 1.7킬로미터 안에 10개에 가까운 근대건축물과 조선 말기의 고택이 빼곡히 있어 짧은 시간에 많은 곳을 둘러볼 수 있다.

LOCATION 대구광역시 중구 경상감영길 99

남산 100년 향수길(성유스티노 신학교, 성모당)

'대구 중구 골목 투어'의 5코스인 '남산 100년 향수길'을 걸으면 성유스티노 신학교, 성모당, 샬트르 성바오로 수녀원 등을 둘러볼 수 있다. 특히 1914년 지어진

성유스티노 신학교는 서울의 명동성당, 전주의 전동성당 건축에 참여했던 프와넬 신부가 설계했다고 한다.

LOCATION 대구광역시 중구 경상감영길 99

김광석 다시 그리기 길

대구에서 태어나 어린 시절을 보낸 가수 김광석을 기리기 위해 조성된 거리다. 300미터를 조금 넘는 거리 벽면에 사람 좋은 미소 가득한 김광석의 얼굴이 가득하다.

LOCATION 대구광역시 중구 달구벌대로 2238

삼성상회 터, 호암 이병철 가옥

삼성그룹의 발원지인 삼성상회 옛터와 이건희 회장이 유년기를 보냈다는 호암 이병철 고택 등도 시내에서 멀지 않은 곳에 있으니 훑어볼 만하다.

LOCATION 대구광역시 중구 인교동 59-3

 FOOD

신봤다 

대구동부정류장에서 걸어서 5분 정도면 닿는 찜갈비 전문점이다. 대구 토박이들에게도 인정을 받고 있는 맛집이다.

LOCATION 대구광역시 동구 동부로30길 21
PRICE • 소갈비찜 14,000원 • 닭볶음탕 15,000원

울산

ULSAN

관객이 꼭 들어찬 빅크라운을 기대한다

경기장에서 직접 축구를 보는 것과 집에서 텔레비전을 통해 보는 것. 이 둘의 가장 큰 차이는 뭘까? 여러 가지 다른 부분이 있을 것이고, 각기 장단점이 있겠지만 크게 두 가지를 들어 말할 수 있을 것 같다. 바로 '속도감'과 '시야'다. 그라운드와 가까운 관중석에선 그라운드를 내달리는 선수의 '속도감'을 고스란히 느낄 수 있고, 경기장 상단의 자리에서는 22명의 선수들을 한눈에 볼 수 있는 '시야'가 확보된다.

어떠한 최신형 스마트 TV나 울트라 HD TV도 그 둘을 온전히 전해줄 수 없다. 기술적으로든 정서적으로든 공급자가 제공하는 화면과 음향 내에서 축구를 수용할 수밖에 없는 것이 텔레비전 앞의 축구 팬이다. 그러니 이런 환경의 제약이 축구의 참맛을 떨어뜨린다고 생각한다면 직접 축구장을 찾는 것이 정답 아닐까? 짜장면도, 피자도 홀에서 바로 먹는 게 훨씬 더 맛있지, 시간이 지나면 아무래도 그 맛이 덜한 법이니까.

가까이서 속도감을 느끼는 재미, 멀리서 경기의 흐름을 조망하는 재미, 축구 관전의 골자인 이 두 가지 요소를 모두 충족시키기 위해 나는 자리를 옮겨 다니며 경기를 본다. 보통 전반전은 1층 3~4번째 줄쯤 되는 자리에서, 후반전은 2~3층의 중간쯤 되는 곳에서 보지만, 완벽한 해결책은 되지 못한다. 가까이서는 전체를 볼 수 없고, 멀리서 보는 건 아무래도 박진감이 덜하니까.

하지만 울산의 문수월드컵경기장은 나의 까다로움을 충족시켜줄 조건을 갖고 있었다. 일단 관중석과 그라운드의 거리가 비교적 가까웠고, 부담스럽지 않은 지상 3층 높이에, 적당히 가파른 경사가 최적의 시야를 제공했다. 포항 스틸야드나 인천의 숭의 아레나, 대전의 퍼플 아레나만큼 그라운드가 가까이 있진 않았고, 서울 · 수원 · 전주 월드컵경기장처럼 높은 위치에서 멀찍이 내려다보는 느낌은 없었지만, 그 경기장들의 장점이 적절히 혼재된 스타디움 같았다. 15년 전, 이 경기장을 텔레비전으로 처음 보았을 때의 기분 좋은 충격이 재생되는 듯했다.

그도 그럴 것이 2002 한일 월드컵을 앞두고 신축된 축구전용구장들 중 가장 먼저 모습을 드러낸 곳이 바로 울산의 문수월드컵경기장이었다. 당시 많은 축구 팬들은 '드디어 우리나라에도 유럽 축구에서나 보던 그런 경기장이 생겼구나', '진짜 우리나라에서 월드컵이 열리긴 열리려나 보다' 따위의 생각을 하지 않을 수 없었다.

문수월드컵경기장은 지붕의 철골 등 건축 구조가 겉으로 드러나 있다. 커다란 공업 도시의 축구장답다. 울산을 상징하는 동물인 고래와 백로의 이미지가 경기장 일부에 반영되었다고 하는데 나는 좀처럼 그런 인상을 받지 못했다. 경기장 외부 최상단에 가느다란 기둥들이 촘촘히 놓여 있는데 이는 신라시대의 왕관을 본뜬 것이라고 한다. 이 때문에 '빅크라운'이라는 별칭을 갖게 되었는데, 전국적으로 널리 알려지지는 않았다.

경기장은 도심에서 꽤 벗어나 있고, 주변에 큰 호수와 숲이 있어 제법 시원한 느낌이다. 경기장의 외형과 달리 인근 경치는 공업 도시의 색채가 덜해 상쾌하기까지 하다. 축구장 진입부의 광장에서 산책을 하는 시민의 모습이 눈에 띈다. 문득 저들 중 30퍼센트라도 축구장으로 끌어들일 수 있다면 참 좋겠다는 생각이 든다. 울산이라는 도시의 인구와 경제적 파급력을 생각할 때 빅크라운의 관중석은 많이 허전해 보인다. 더 꽉 들어찬 스타디움을 기대해도 좋은 그런 도시, 그런 팀이 울산인데 말이다.

'무패의 역사'를 자랑하는 울산 현대

매 시즌 우승을 노려볼 만한 클럽으로 손꼽히는 울산 현대의 마지막 리그 우승은 2005년의 일이다. 10년간 우승과 거리가 먼 행보를 보였음에도 여전히 울산은 충분히 우승권에 속한 팀으로 간주된다. 전통과 저력을 가진 구단이기 때문이다. 1983년 12월, 경기도와 인천을 연고지 삼아 현대 호랑이 축구단이라는 이름으로 창단해 이듬해 1984시즌부터 리그에 참여했다. 광역 지역 연고제 도입 후 1987년부터 3시즌을 강원도에서 보

냈고, 약속의 땅 울산으로 옮겨온 건 1990년이었다.

1990년대 들어서며 차범근, 고재욱 등 훌륭한 감독과 함께 강팀으로 성장해갔으며, 1996년에 첫 리그 타이틀을 거머쥐었다. 2000년대 들어서는 한국뿐만 아니라 아시아 무대에서도 점점 존재감을 드러내기 시작했는데, 특히 K리그 우승을 차지한 2005시즌과 한중일 대표 클럽이 자존심을 겨룬 2006년 A3 챔피언스컵에서는 파괴적인 힘을 과시했다. 그때

붙은 별칭이 바로 '아시아의 깡패'. 깡패라는 원색적인 닉네임이 붙은 것은 일본의 감바 오사카를 6 대 0, 중국의 다롄 스더를 4 대 0으로 완파한 울산의 자업자득이었다.

2012년에는 김호곤 감독의 지휘하에 드디어 아시아 챔피언스리그 타이틀까지 따냈다. 일본의 FC도쿄, 호주의 브리즈번 로어, 중국의 베이징 궈안과 한 조에 편성되며 쉽지 않은 경쟁이 예상되었지만, 피 한 방울 흘리지 않고 4승 2무의 압도적 성적으로 16강 진출에 성공했다. 16강에서는 J리그 가시와 레이솔을 따돌렸고, 홈 앤드 어웨이 방식으로 진행된 8강전에서는 사우디아라비아의 알 힐랄을 합계 5 대 0으로, 4강전에서는 우즈베키스탄의 부뇨드코르를 합계 5 대 1로 꺾으며 결승에 안착했다. 끝내 안방에서 열린 단판 승부에서 사우디아라비아의 알 아흘리를 3 대 0으로 제압해 아시아 최강자로 우뚝 섰다. 1라운드부터 결승전까지 12게임을 치르는 동안 10승 2무, 단 한 번의 패배 없이 달성한 퍼펙트 우승이었다.

울산은 현대자동차(과거), 현대중공업(현재)이라는 탄탄한 모기업을 가진 덕분에 창단부터 넉넉한 재정 지원 속에 운영되었다. 원년 멤버로 허정무, 최강희, 최인영이라는 거물급 선수들을 보유했으며, 허정무의 PSV 에인트호벤 팀메이트였던 네덜란드의 란스베르헨도 영입했다. 1990년대에는 K리그에서 100골 이상 득점을 올리며 수차례 K리그 베스트일레븐에 선정된 '가물치' 김현석, 터프한 수비수 최영일, 한국과 일본을 오가며 활약한 멀티플레이어 유상철, 꽁지머리 김병지가 울산을 대표했다.

bank
Hyundai Oilbank
adidas football

   2000년대에도 울산에는 좋은 선수들이 끊이지 않았지만, 과거 선배들
만큼 오랫동안 팀에 머무르는 이는 드물었다. 이천수·김정우·염기
훈·오장은·오범석·곽태휘·이근호를 그 예로 들 수 있다. 하지만 현
영민·유경렬·이호·이진호·김영광처럼 장기간 짙은 파랑색 유니폼
을 입었던 선수도 없진 않았다. 울산에는 좋은 외국인 선수도 참 많았는
데 특히 브라질 선수들과 궁합이 잘 맞았다. 도도·마차도·알미르·루
이지뉴·하피냐 등이 기억에 남는다. 마케도니아의 슬라브코와 콜롬비

아의 에스티벤 역시 수준급의 외국인 선수였다.

최근 몇 년간 울산의 상징과도 같았던 공수의 핵심 김신욱과 김승규가 2016시즌을 앞두고 팀을 떠났다는 것이 팬들에게는 커다란 충격이었으나, 여전히 능력 있는 선수들이 스쿼드 곳곳에 포진해 있다. 외국인 선수 마스다 지카시도 출전하는 경기마다 특유의 존재감을 드러내는 미드필더다. 또한 2016시즌을 앞두고 이정협 · 서정진 · 김인성 · 서명원 등 공격적인 자원들을 임대와 이적으로 대거 영입한 만큼 울산의 공격력에는 큰 손실이 없을 듯하다.

과거 참으로 대단한 선수들이 몸담았으며, 지금도 좋은 선수가 상당한 울산 호랑이의 엠블럼 위에 자리한 별이 단 2개뿐이라는 것은 사실 좀 이상하다. 팀과 선수들이 갖는 이름값에 비하면 턱없이 모자란 숫자로 느껴지기 때문이다. 2016시즌, 앞에서 언급한 선수들이 제 몫만 다해준다면 충분히 별을 하나 추가할 수 있지 않을까 싶다.

경상권

울산문수축구경기장

별칭 빅크라운
위치 울산광역시 남구 문수로 44 (옥동)
교통 울산시외버스터미널에서 버스로 30분
　　　　KTX 울산역에서 버스로 50분
수용 인원 약 4만 4,500명
개장 2001년 4월

2001시즌부터 울산 현대가 홈구장으로 쓰고 있다. 2002 한일 월드컵이 열린 국내 10개 경기장 중 최초로 문을 연 축구전용구장으로 개장 당시 많은 찬사를 받았다. 개장 기념 경기로 초청된 브라질의 명문구단 보타포구의 클레멘테 감독이 '보석 같은 경기장'이라고 극찬했을 정도다. 개인적으로는 이 경기장의 시야가 K리그의 모든 경기장 중에서 세 손가락 안에 든다고 생각한다. 접근성이 떨어지는 부분은 다소 아쉽다.

TICKET

좌석	일반석	원정석	가변좌석	테이블석
성인	10,000		12,000	15,000
청소년	5,000	10,000	7,000	12,000
어린이	3,000		5,000	10,000

2015시즌 기준/단위(원)

 TRAVEL

공중관람차

롯데백화점 영플라자 옥상에는 꿈동산
이라는 이름의 작은 놀이공원이 있다.
대관람차에 올라 20분쯤 울산 시내 모습
이나 야경을 감상하는 것도 좋겠다.

LOCATION 울산광역시 남구 삼산로 288
　　　　　　　롯데영플라자 꿈동산
TIME 11:30~20:30
PRICE 2,500원

신화마을

울산시외버스터미널에서 걸어서 갈 수
있다. 1960년대 울산공단이 들어서며
삶의 터전을 잃은 이들을 위해 탄생한
이주민촌으로, 2010년부터 벽화마을로
조성되기 시작했으며, 점차 거주민들과
예술가들이 함께하는 커뮤니티가 형성
되었다.

LOCATION 울산광역시 남구 여천로 66번길 7 일대

장생포고래박물관

이곳에는 브라이드 고래 골격 등 300점에 가까운 포경 유물이 전시되어 있다. 박물관 외부에는 30여 년 전 실제로 포경 조업에 쓰였던 선박이 한 대 정박해 있다. 고래 탐사도 할 수 있고 연안의 야경도 볼 수 있는 고래바다여행선과 우리나라 최초의 돌고래 수족관인 고래생태체험관이 모여 있어 흥미를 더한다.

LOCATION 울산광역시 남구 장생포고래로 244
TIME 9:30~17:30
PRICE • 어른 2,000원 • 청소년 • 군인 1,500원 • 어린이 1,000원

장생포옛마을

포경업의 전성기였던 1970년대 장생포의 모습을 재현해놓은 마을로, 이곳에서는 과거로 추억 여행을 떠날 수 있다.

LOCATION 울산광역시 남구 매암동 일대
TIME 9:30~18:00
PRICE • 어른 2,000원 • 청소년 • 군인 1,500원 • 어린이 1,000원

FOOD

청해고래

고래박물관 맞은편에 있는 고래 요리 전문점이다. 코스 요리를 비롯해서, 모듬 · 수육 · 육회 · 두루치기 · 고래탕 · 고래육회비빔밥 · 고래불고기비빔밥 등, 고래 요리의 모든 것을 맛볼 수 있다.

LOCATION 울산광역시 남구 장생포고래로 247-1
TIME 9:00~22:00
PRICE · 고래탕 8,000원
· 고래비빔밥 10,000원
· 고래정식 30,000원

상주

SANGJU

'프로' 연병장에서 벌어지는 '진정한' 군대 축구

앞서 안산 무궁화FC를 언급할 때도 밝혔지만, 군인·경찰 축구단이 프로리그에서 다른 팀과 함께 경쟁하는 지금의 시스템이 옳은 것인지, 정말 이보다 나은 방안은 없는 것인지 K리그를 좋아하는 축구 팬으로서 덧없는 고민을 할 때가 있다. 어떤 결정을 내릴 수 있는 위치에 있지도 않은 데다, 일단 정작 나부터도 뭐가 옳고 그른지 잘 모르겠고, 명확한 대안이 있는 것도 아니다. 정말 이 부분에서는 뚜렷한 답이 떠오르지 않는다.

징병제를 채택하고 있는 대한민국에서 신체와 정신이 건강한 남성은 2년 정도 병역의 의무를 진다. 물론 프로 축구 선수들도 마찬가지다. 우수한 능력을 가진 선수들은 국군체육부대 상무에서 선수 생활의 단절 없이 병역을 이행할 수 있는 제도가 있다. 이 자체에 문제가 있다고 생각하지는 않는다. 자신이 가진 특기를 활용해 국방의 의무를 다하며, 전역 후의 커리어에도 보탬이 될 만한 군 생활을 하는 이들이 비단 상무 선수들만은 아니니까. 운전이든, 요리든, 외국어든, 과학이든 각자가 가진 능력을 바탕으로 정정당당히 병역을 이행하는 특기병이 존재하니 말이다.

다만 프로 축구 리그에서 현역 군인 신분인 상무 팀 선수들이 프로페셔널 선수들과 경쟁을 한다는 게 과연 온당하고 합리적인 것인지 확신이 서지 않는다는 말이다. 딱히 해외의 사례에서 모범 답안을 찾기도 어렵다. 징병제를 채택하는 국가들 중 선진적 프로리그를 가진 곳은 매우 드물기 때문이다. 그나마 멕시코, 브라질, 콜롬비아 등 라틴아메리카 국가들이 꽤 높은 수준의 리그를 갖고 있는데, 징병제의 성격이 대한민국과는 매우 달라 사실 참조할 여지가 없다. 문득 오래전 가깝게 알고 지냈던 멕시코 친구와 나눈 대화가 떠오른다.

"다니엘, 한국도 남자들 다 군대 가지? 멕시코도 그렇거든. 군대 갈 생각하니 진짜 짜증난다."

"왜? 얼마나 오래 가는데 그래?"

"1년!"

"1년이면 뭐 그럭저럭 괜찮지 않아? 한국은 육해공 조금씩 다른데 보통 2년 정도거든."

"1년 동안 일요일이 없다는 게 말이 돼? 그게 정말 말이 되는 것 같아?"

"응? 그게 무슨 말이야? 멕시코는 군대가 1년이라며? 1년이라고 한 거

아니었어?"

"그래, 1년. 1년 동안 매주 하루씩 일요일에 출퇴근하는 거야. 일요일에 진짜 미친 거 아냐?"

"……."

이 친구가 말한 것이 멕시코 징병제의 정확한 설명인지는 잘 모르겠다. 그저 외국에서 비슷한 사례를 찾아 국내 상황에 맞게 도입한다는 것 자체가 불가능하다는 말을 하고 싶었다. 나라도, 사회적 분위기도, 병역 의무도, 축구 문화도 각기 다른데 뭘 어떻게 차용하고 응용하겠느냐는 말이다. 그저 징병제 국가인 대한민국의 프로 축구가 갖는 특수한 로컬룰 정도로 생각하는 것이 마음 편한 일인가 싶다.

개인적인 생각을 밝히자면, 상무 축구단과 경찰 축구단은 과거 실업 축구팀들처럼 아마추어 대회에 한해서 경쟁하거나 축구협회가 주관하는 FA컵 등의 대회에만 출전하는 것이 맞는 것 같다. 2군 리그 격인 리저브 리그가 부활한다면 2군 리그에, 혹은 대학팀들의 리그인 U리그에 초청팀 성격으로 들어가는 방법은 없을까 하는 생각도 해본다. 하지만 상무의 연고 지역인 상주의 축구 팬, 경찰 축구단의 연고지인 안산의 축구 팬들이 아쉬워할 것을 생각하면 그것도 완전한 처사는 아닌 듯하다.

앞서 말했듯 그저 한국 프로 축구만의 특수한 룰이자, 특별한 팀으로 생각하는 수밖에 없다. 훌륭한 선수들이 프로리그에서 경기 감각을 유지하면서 병역까지 온전히 마칠 수 있으니 축구 팬으로서 긍정적으로 볼 수밖에……. 그러니까 군인·경찰 선수들도 더 열심히, 자신이 누리고 있는 혜택에 감사하면서 최선을 다해 경기에 임해줬으면 좋겠다. 나약한 정신 상태로 승부 조작 따위의 일에 휘말리는 모습은 축구 팬으로서 용납하기 어렵다.

프로야구의 상무와 경찰은 2군 리그인 퓨처스리그에 속해 있고, 프로배구의 상무도 V리그 초창기에 초청팀 자격으로 리그에 참여하다 현재는 실업팀으로 돌아갔으며, 프로농구의 상무도 2군 리그에 해당하는 KBL D리그에서 소속되어 있으니, 한국의 4대 프로스포츠 중 군인과 경찰 팀이 프로리그에서 경쟁을 하는 종목은 축구가 유일한 셈이다.

길고 긴 생각이 물고 물리면서, 상주에 내려오는 2시간 반이 전혀 지루하지 않았다. 상주시민운동장은 상주종합버스터미널에서 동북쪽으로 3킬로미터 정도 떨어진 곳에 있다. 북천北川을 바라보며 산책하듯 걸으면 30여 분만에 닿을 수 있다. 버스를 타도 20분 정도는 걸리니 시간에는 큰 차이가 없다.

상주시민운동장은 1990년대 초반에 지어진 종합운동장이다. 대단한 스타디움이라고 할 수는 없지만, 지방 중소도시의 일반적 종합운동장들보다는 훨씬 낫다. 외관은 별다른 특색이 없다, 관중석엔 지붕이 전무해서 비가 많이 오는 날에는 관전이 힘드니 큰 우산이나 비옷이 필요하다. 내가 경기장을 찾았던 날은 구름도 잔뜩 끼고, 엄청난 폭우가 쏟아져 경기가 제대로 치러질까 싶었는데 큰 문제없이 진행이 되었다. 선수들은 물 고인 그라운드에서 힘들었겠지만 말이다.

상주 상무의 오뚝이 라이프

상주는 1984년에 창단해 실업 축구와 프로 축구를 오간 상무 축구단을 모태로 하지만, 과거의 역사를 계승하지는 않는다. 마찬가지로 2003년부터 2010년까지 광주광역시를 연고로 운영되었던 광주 상무 불사조의 성적과 기록 역시 이어받지 않는다. 상무 축구단의 역사는 1984년부터 시작된 것이 분명하지만, 현재의 연고지인 상주시에 뿌리를 내리고 상주 상무라는 이름의 축구단으로 창단한 해는 2011년이기 때문이다.

상주 상무는 국군체육부대 산하의 축구단으로 대한축구협회 소속 선수 중 병역 의무를 진 이들이 일정한 전형을 거쳐 선발된다. 상무 선수들도 보통의 대한민국 육군들처럼 21개월간 복무하며, 전역 후에는 각자 원 소속 구단으로 돌아간다. 쉽게 말해 각 구단이 보유 선수들을 21개월간 상무라는 팀에 임대 보내는 것이다. 해마다 15~25명의 선수가 제대를 하고, 비슷한 숫자의 선수가 입대해 스쿼드를 메운다.

2011년부터 시작된 상주 상무의 역사는 길다고 볼 수 없다. 그러나 몇 년 사이에 커다란 사건이 수차례 있었다. 첫 시즌에는 일부 선수들이 K리그의 승부 조작 사건과 직간접적으로 연루되어 좋은 성적을 거두지 못하고 14위에 머물렀다. 하지만 더 큰일은 2012시즌 후반에 일어났다.

2012년 아시아축구연맹은 AFC 클럽 라이센스라는 제도를 만들어 2013시즌부터 도입하겠다는 발표를 한다. 리그와 팀의 조직·규모·시설·운영·재정 등 여러 항목의 세부 지표를 평가해 AFC 챔피언스리그에 출전 가능한 팀들의 자격 기준을 만들겠다는 것이 골자였다. AFC와 한국프로축구연맹의 요구 사항을 충족시키지 못한 상주는, 2013시즌에 시작될 1부 리그 클래식, 2부 리그 챌린지 편성이 논의될 즈음 연맹에서 2부 리그로 강제 강등된다. 연맹의 발표 후에는 상주 구단이 잔여 경기를 모두 보이콧하는 초유의 사태도 발생했다.

2013년 AFC의 클럽 라이센스 가이드라인에 맞게 법인화 작업을 완료하며 상주 상무 시민 프로 축구단으로 다시 태어난 상주는, 2013시즌 초반부터 압도적인 전력을 과시하며 챌린지 최초 우승팀이 된다. 시즌 종료 후 K리그 클래식 12위 팀인 강원FC와의 승강 플레이오프에서 합계 4 대 2로 앞서며 1년 만에 다시 K리그 클래식으로 복귀했다. 최초의 강등팀이 최초의 승격팀이 된 것이다.

2014시즌에는 다시 K리그 클래식에서 최하위를 기록하며 강등되었고, 2015시즌에는 또다시 챌린지에서 좋은 성적을 거두며 승격에 성공했다. 상주 상무의 승격과 강등 행보는 해마다 전력의 절반이 바뀌는 팀의 특성상 앞으로도 반복될 확률이 높다. 상주의 열혈 팬들은 이를 어떻게 생각할지 모르지만, 다수의 축구 팬들은 상주의 오뚝이 라이프를 그저 K리그의 작은 흥밋거리 정도로 여기고 있다. 선수들은 언제든 최선을 다해 열심히 뛰겠지만 말이다.

참고로 상주 상무 구단의 홈페이지에서는 현재 스쿼드에 속해 있는 선수들뿐 아니라, 과거 상주 상무에서 활약한 예비역 선수의 사진도 볼 수 있다. 머리 빡빡 깎고, 똑같은 옷을 입혀 놓으니, 나름 프로에서 스타일 좋은 걸로 이름 좀 날렸던 선수들도 누구 하나 돋보이지 않는다. 그냥 다 똑같은 군인이다.

상주시민운동장

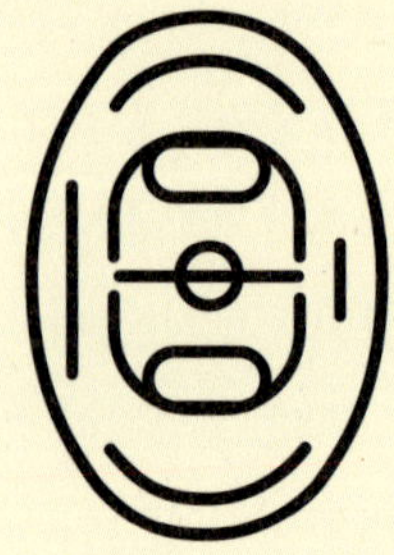

별칭 피닉스필드 · 연병장
위치 경상북도 상주시 북상주로 24-7 (계산동)
교통 상주종합버스터미널에서 버스로 20분
수용 인원 약 1만 5,100명
개장 1992년 1월

1992년에 지어진 종합운동장. 2011년부터 상주에 새롭게 터를 잡은 상무의 홈구장이 되었다. 당시는 잔디 상태가 좋지 않았고, 야간 조명 시설도 완비되지 않아 프로 경기가 열리기에는 적합하지 않다는 의견이 있었으나, 상주시의 신속하고 적극적인 지원으로 현재는 인프라에 큰 문제가 없다. 흔히 쓰이는 경기장 별칭은 따로 없지만 피닉스필드나 연병장 등의 별칭으로 부르는 축구 팬들이 있다. 자전거 도시답게, 자전거를 타고 경기장을 찾은 관중에게는 입장권 할인 혜택이 있다는 점이 독특하다.

TICKET

좌석	일반석	원정석
성인	8,000	12,000
청소년	5,000	8,000
어린이	3,000	8,000

2015시즌 기준/단위(원)

TRAVEL

상주자전거박물관

경천섬공원을 지나 낙동강을 따라 20분 정도 걸으면 자전거박물관에 갈 수 있다. 특산물로 유명한 곶감과 함께 상주를 대표하는 것이 바로 자전거다. 1810년대 독일에서 만들어진 드라이지네, 1870년대 영국에서 만들어진 오디너리, 이탈리아 최초의 경주용 자전거 등 이색적인 명품 자전거가 가득하다.

LOCATION 경상북도 상주시 도남동 산3-4
TIME 9:00~18:00

충의사

임진왜란과 정유재란 때 왜군과 60차례 이상 맞서 싸워 모든 전투를 승전으로 이끈 정기룡 장군의 위패가 모셔진 곳이다. 충의사에는 장군의 묘소와 사당, 신도비, 유물전시관 등이 있는데, 정기룡 장군이 임진왜란 당시 전투에 사용한 것으로 전해지는 1미터짜리 검 등 5점의 유물도 볼 수 있다.

LOCATION 경상북도 상주시 사벌면 충의로 230
TIME 9:00~18:00

경천대국민관광지

자전거박물관에서 가까운 곳에 경천대국민관광지가 있다. 이곳에는 나무다리, 출렁다리, 드라마 〈상도〉가 촬영된 작은 규모의 세트장이 있고, 곳곳에 아담한 돌담길과 황토길 산책로가 있다. 인근의 상주박물관과 태양에너지홍보관 외부에 예쁘게 꾸며놓은 휴식 공간이 있어 잠시 들를 만하다.

LOCATION 경상북도 상주시 사벌면 경천로 652
TIME 9:00~18:00

상주국제승마장

경천대국민관광지 바로 옆에 있는 국제승마장도 가볼 만한 곳이다. 국내 유일의 국제 공인 규격 승마장인 이곳은 전문적인 승마인들 뿐만 아니라 일반 대중을 위한 교육 및 체험 프로그램을 다양하게 준비하고 있다.

LOCATION 경상북도 상주시 사벌면 화달리 산6-5
TIME 10:00~19:00
PRICE 입장료 없음. 승마 체험은 5,000원

🍴 FOOD

가현쌈밥 🍲

상주시민운동장 근처에 있는 맛집이다. 메뉴는 우렁쌈밥정식과 석갈비정식 두 가지. 토기그릇에 음식이 담겨 나와 정감이 간다.

LOCATION 경상북도 상주시 북상주로 185
TIME 11:00~20:30
PRICE • 우렁쌈밥정식 9,000원 • 석갈비정식 10,000원

TRAVEL / FOOD

포항

POHANG

한국 축구의 용광로, 포항 스틸야드

　내게 포항은 대한민국 어느 도시보다도 바다 냄새가 진하게 풍기는 곳이다. 많은 사람들이 '바다' 하면 부산과 인천을 떠올리겠지만, 사실 그 두 곳은 이름에서 전혀 소금기가 느껴지지 않는다. 하지만 포항은 다르다. 포구와 항구라는 뜻을 가진 포항浦港이란 지명에서 바다를 품은 마을이라는 것이 고스란히 전해지니까.

　그러나 나는 포항의 바다를 만나기 위해 5시간 가까이 버스를 탄 게 아니었다. 한국 최초의 축구전용경기장 포항 스틸야드를 두 눈에 담고 싶어서였다. 내 또래의 축구 팬이라면 누구나 포항의 전설적인 공격수 황선홍이 골을 넣은 후 골대 뒤 철망을 잡고 올라 포효하던 모습을 기억하고 있을 것이다. 스틸야드였기에 가능한 매우 독창적인 골 셀러브레이션이었으며, 계산된 퍼포먼스였다기보다는 현장의 팬과 함께 호흡하는 즉흥적인 행위였으므로 더 인상적이었던 것 같다.

포항을 연고로 하는 축구팀 포항 스틸러스는 여러모로 한국 축구사에서 큰 의미를 가지는 팀이다. 포항 스틸러스는 1973년 창단된 포항제철 실업 축구단의 역사가 이어내려온 팀인데, 프로 축구에는 1984년 포항제철 돌핀스라는 이름으로 가입했다. 팀의 역사는 40년을 훌쩍 넘었고, 프로 축구 구단의 역사도 30년을 넘긴 뼈대 있는 팀이다.

게다가 한 가지 더 역사적인 기록으로 언급할 수 있는 것이 바로 포항 축구전용경기장, 스틸야드의 존재다. 모기업인 포항제철에서 직접 건설한 경기장답게 단단하고 묵직한 외관을 갖고 있으며, 크지 않은 규모에도 분위기만큼은 이상하리만치 웅장하다. 1990년 11월 개장한 이 경기장은

한국 최초의 축구전용구장이라는 역사가 되었으며, 이듬해부터 포항 스틸러스(당시 포항제철 아톰스)의 홈구장으로 쓰였다. 1만 7,000여 개의 좌석이 다소 적게 느껴지지만, 당시 포항의 인구가 48만 명이었다는 것을 감안하면 매우 합리적인 결정이었다고 생각한다.

25년 전에 지어진 경기장이지만, 관중석 주변 공간이 비좁지 않아 최대 수용 인원은 약 2만 5,000명에 이르니, 딱히 구장의 규모가 작다고 할 수도 없다. 여러모로 한국의 지방도시에 최적화된 축구전용구장으로 평할 수 있다. 한 가지 아쉬운 점을 꼽자면 경기장이 포스코 본사 내부에 있어 축구 외에 특별히 즐길 거리가 없다는 건데, 경기장에서 150미터 정도 떨어진 곳에 포스코역사관이 있으니 30분 정도 둘러보며 그날의 경기에 대한 흥분을 담금질하는 것도 괜찮을 듯하다.

축구 도시의 명문 클럽, 포항 스틸러스

포항을 거쳐간 스타 플레이어의 이름을 하나하나 기억 속에서 소환해보면 이 팀이 얼마나 위대한 축구팀인지 새삼 느낄 수 있다. 나 같은 30대 축구 팬들의 학창 시절을 풍요롭게 해준 황선홍, 홍명보, 박태하 등의 레전드 선수들, 그 이전 세대인 최순호, 이흥실, 박경훈. 길든 짧든 포항의 유니폼에 이름을 새겼던 이동국 · 김병지 · 김기동 · 고정운 · 하석주 · 백승철 · 황재원 · 황진성 · 김재성 · 김형일 · 이명주 · 김승대 같은 전 · 현직 국가대표 선수들.

또한 웃옷을 뒤집어쓰는 특유의 골 뒤풀이로 스틸야드를 열광케 했던

보스니아 특급 라데를 위시해, 이라크의 영리한 미드필더 자심, 산토스 ·
따바레즈 · 데닐손 · 모따 등의 화려한 브라질 테크니션들, 훗날 귀화해
한국인이 된 대형수비수 싸빅. 포항의 무기인 동시에 K리그의 보물이었
던 외국인 선수들까지 정말 셀 수도 없을 만큼 뛰어난 선수들이 많았다.
추리고 추린 게 이 정도니 정말 다른 팀은 쉽게 명함도 못 내밀 만큼 다른
차원에 있는 구단이 바로 포항 스틸러스다.

경상권

　선수뿐만 아니라 감독 중에서도 K리그에 짙은 족적을 남긴 이들이 많다. 그중에서도 포항의 21세기 역사를 양분하는 두 감독이 있으니 바로 파리아스와 황선홍이다. 2000년대 초반 여전히 리그를 대표하는 강호였으나 우승과는 꽤 거리를 두고 있던 포항의 축구를 다시 한 번 정상권으로 올려놓은 이는, 2005년 부임한 브라질 출신의 파리아스 감독이었다. 그는 포항의 이름을 한국 안에만 가두지 않았다. 아시아를 넘어 세계 축구계에도 존재감을 과시했다. 파리아스의 축구는 승부면 승부, 재미면 재미 모든 면에서 팬들을 만족시켰으며 K리그, FA컵, AFC 챔피언스리그 트로피 역시 차례로 수집해나갔다.

　그런 파리아스가 갑작스레 팀을 떠난 후 표류하던 포항을 2011년부터 떠안은 황선홍 감독은, 금세 팀을 정상화시키고 높은 승률을 이어갔다. 그는 레전드 플레이어로 빛났던 자신의 과거를 조금도 퇴색시키지 않았으며, 한층 더 성장해 이제는 포항을 대표하는 셀러브리티가 되었다. 2013년 리그와 FA컵을 동시에 제패하는 더블을 달성하며 정점을 찍었고, 모기업의 재정 지원이 크게 줄어든 어려운 시기에도 항상 4위권의 성적은 유지했다.

　포항은 K리그에서만 5번의 우승을 차지했을 뿐 아니라 FA에서도 4회나 챔피언의 자리에 올랐고, 아시아 챔피언스리그를 비롯한 AFC 주관의 국제대회에서 세 차례 정상에 오른 명실상부 아시아 축구의 명문 클럽이다. 한국의 수도는 600년 넘게 서울이 차지하고 있지만, 한국 축구의 수도 자리는 꽤 오랫동안 포항이 고수해오고 있다는 생각이 든다(물론 축구

축구의 聖地 포항스틸야드
원
Hyundai Oilbank

수도 시민임을 자처하는 수원 팬들은 그렇게 생각하지 않을 테지만).

포항에서는 거리에서 포항 스틸러스와 K리그를 화제로 대화를 나누는 모습을 드문드문 목격할 수 있다. 심지어 중학생으로 보이는 10대 여자아이들이 버스에서 축구 수다를 떠는 것을 들었다고 하면 믿어줄지 모르겠다. 바로 그 순간 나는 '내가 정말 포항에 와 있구나', '여기가 진짜 축구도시 포항이구나' 하고 느꼈다.

포항스틸야드

별칭 용광로
위치 경상북도 포항시 남구 동해안로 6213 (괴동동)
교통 포항시외버스터미널에서 버스로 25분
　　　KTX 포항역에서 버스로 50분
수용 인원 약 1만 7,400명
개장 1991년 11월

1992시즌부터 포항 스틸러스가 홈구장으로 쓰고 있다. 인천축구경기장 개장 이전까지 그라운드와 관중석이 가장 가까운 경기장으로 꼽혔다. '포항스틸야드'라는 멋진 이름은 원래 일부 팬들 사이에서만 불리던 별칭이었으나, 팬 투표를 통해 2007시즌부터 당당히 구장의 공식 명칭이 되었다. 당시 경쟁을 펼쳤던 후보는 '스틸파크', '스틸러스파크' 같은 이름이었다고 한다.

TICKET

좌석	N/W/E 일반석	S 원정석	테이블석	프리미엄석
성인	10,000			20,000
청소년	5,000	10,000	35,000(2인)	15,000
어린이	3,000			10,000

2015시즌 기준/단위(원)

 **TRAVEL**

포항 운하

포항시 송도동과 죽도1동의 바닷물길을 연결하는 운하로 길이는 약 1.3킬로미터다. 운하 주변에는 유원지, 산책로와 자전거 길을 조성해 사람들이 즐길 수 있는 공간을 만들었다. 운하 일대를 관람할 수 있는 유람선도 운행한다.

LOCATION 경상북도 포항시 남구 희망대로 1040

영일대해수욕장(영일대 누각)

포항을 대표하는 영일대 해수욕장의 광장에는 창검이 아닌 붓과 책을 든 이순신 장군이 곧게 서 있다. 장군의 왼쪽으로 시야를 옮기면 영일대 해상 누각이 보인다.

이곳에서는 시원한 동해와 쭉 뻗은 영일대 백사장을 한눈에 담을 수 있다.

LOCATION 경상북도 포항시 북구 두호동 685-1

해군항공역사관

포스코역사관에서 25분 정도 이동하면 해군항공역사관이 나온다. 이곳은 해군 6항공전단이 개관한 작은 박물관이다. 해군 항공기 미니어처와 비행 헬멧, 레이더 등의 해군 장비, 해군항공단의 과거와 현재 비행복이 전시되어 있고, 임무 중 순직한 해군을 기리는 추모관도 마련되어 있다.

LOCATION 경상북도 포항시 남구 동해안로 5947
TIME 8:00~20:00

구룡포 근대문화역사거리

1900년대 초반 포항에 거주하던 일본인들의 집이 모여 있는 골목이다. 구룡포의 거부였던 하시모토 젠키치라는 사람의 집이 현재 구룡포 근대역사관으로 쓰이고 있는데, 당시 일본인들의 생활상을 짐작할 수 있는 전시물이 가득하다. 골목 초입의 계단을 올라가면 구룡포 공원이 나온다.

LOCATION 경상북도 포항시 남구 구룡포읍 구룡포길 153-1

구룡포 근대문화역사거리

1900년대 초반 포항에 거주하던 일본인들의 집이 모여 있는 골목이다. 구룡포의 거부였던 하시모토 젠키치라는 사람의 집이 현재 구룡포 근대역사관으로 쓰이고 있는데, 당시 일본인들의 생활상을 짐작할 수 있는 전시물이 가득하다. 골목

FOOD

죽도시장 대게빵 🥐

죽도시장의 대표 간식거리다. 호두와 단팥, 블루베리에 게살이 살짝 섞인 빵이다. 맛도 괜찮고, 크기도 넉넉하다.

LOCATION 경상북도 포항시 북구 죽도시장길 28
TIME 9:00~19:00
PRICE • 호두 대게빵 1,500원
　　　　• 블루베리 대게빵 2,000원

미각반점 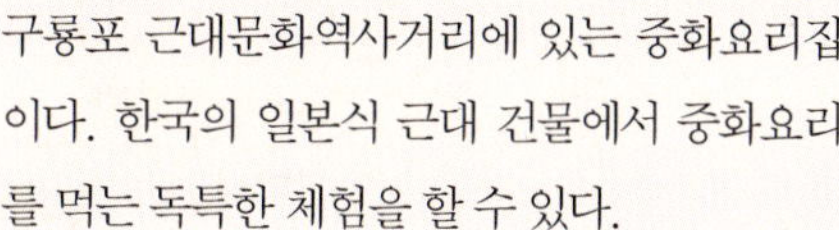

구룡포 근대문화역사거리에 있는 중화요리집이다. 한국의 일본식 근대 건물에서 중화요리를 먹는 독특한 체험을 할 수 있다.

LOCATION 경상북도 포항시 남구 구룡포읍 구룡포길 127-2
TIME 11:00~21:00
PRICE • 짜장면 4,000원
　　　　• 간짜장 5,000원
　　　　• 짬뽕 5,000원

부산

BUSAN

그라운드와 관중석의 거리만큼 멀어진 과거의 영광

내가 처음 부산에 간 건 2002 한일 월드컵 때였다. 지금도 정확히 기억하고 있다. 부산아시아드주경기장에서 한국과 폴란드의 경기가 벌어진 2002년 6월 4일 저녁이었다. 그렇다. 한국의 48년 월드컵 도전사에서 첫 승을 거둔 바로 그날이었다. 그날의 기억을 되짚어봤을 때 가장 생생히 남아 있는 것 하나는 '이겼다'라는 외침이다. 전광판의 시계가 89분을 가리켰을 때 경기장의 6만여 관중은 한 목소리로 외치기 시작했다. "이겼다!", "이겼다!", "이겼다!" 그것은 패배한 상대를 조롱하기 위한 외침이 아니었다. 50년 가까이 기다려온 승리에 대한 목마름에서 흘러나온 뜨거운 외침이었다.

경기가 끝난 밤 11시 즈음부터 다음 날 서울로 올라가는 첫 열차를 기다리던 아침까지 몇 병이나 맥주를 비웠는지 모른다. 그날 밤 부산은 도시 전체가 잠들지 못했다고 해도 과언이 아닐 만큼 뜨겁고도 시원했다. 이 승리의 기세가 4강까지 이어졌으니 2002 한일 월드컵 신화의 첫 페이지가 쓰인 곳이 바로 부산인 셈이다. 그렇기에 대한민국의 모든 사람이 부산을 야구의 도시로 여긴다고 해도 나에게는 해당되지 않는 말이다. 나에게 부산은 축구의 도시·월드컵의 도시·로얄즈의 도시·김주성·마니치·안정환의 도시다.

그 후로도 몇 번이나 부산을 들렀지만, 매번 1박2일의 짧은 일정으로 다녀간 탓에 부산에서 K리그 경기를 관전하지는 못했다. 거의 14년이 지나, 그러니까 한 아이가 태어나 중학교에 입학할 나이가 될 정도의 시간이 지나 다시 부산아시아드주경기장을 찾았다. 시간이 많이 흘렀어도 경기장의 웅장한 위용에는 변함이 없다. 변한 것이 있다면 6만여 명의 인파로 넘쳐났던 이곳이, 처량하게 느껴질 만큼 사람들의 발길이 끊겼다는 것. 물론 월드컵과 리그의 흥행을 단순 비교할 수는 없겠으나 잣대와 무관하게 부산의 축구 열기는 많이 식어 있었다.

엄청난 규모 때문에 대구스타디움과 함께 K리그에서 관중석이 가장 황량해 보이는 곳으로 꼽히는 부산아시아드주경기장은 2002년의 월드컵과 아시안게임을 앞두고 지어진 종합운동장이다. 수용 인원은 약 5만 3,800명. 그러나 앞서 말했듯, 2002 한일 월드컵 때는 6만 관중이 모이기도 했고, 좌석 사이사이의 공간도 매우 넓어 최대 8만까지 입장이 가능하다고 한다. 하지만 매 경기 꾸준히 8,000명씩만 입장해도 참 좋겠다는 생각이 들 정도로 부산이라는 도시 그리고 과거 한국 축구를 수놓았던 부산 대우 로얄즈의 명성과 현재의 관중 동원력 사이에는 온도차가 적잖이 느껴진다.

부산 아이파크가 2002년부터 홈구장으로 쓰고 있는 부산아시아드주경기장은 건축에만 무려 6년 가까이 걸렸을 정도로 그 규모와 시설이 대단하다. 전체적으로 부드러운 곡선미가 느껴지는 경기장으로 올록볼록한 흰 지붕은 부산 앞바다의 파도에서 모티브를 얻은 것이라고 한다. 혹은 이름 모를 거대한 해양 생물체 같기도 하다. 어쨌든 지붕의 면적이 워낙 넓어 그라운드에 붙어 있는 가변좌석을 제외한 거의 모든 관중석에서 비를 피할 수 있다는 장점이 있다. 거의 하프돔에 가깝다고 봐도 무방하다.

하지만 역시 가장 큰 문제는 시야다. 지난 2008시즌부터 동쪽과 북쪽 육상 트랙 위에 7,500석의 가변좌석을 설치해 일부 관중석의 시야 문제를 해결했지만, 아직도 서쪽 스탠드와 남쪽 스탠드의 관중석은 그라운드와 너무나 멀리 떨어져 있다. 가장 먼 곳은 이격 거리가 무

려 30미터에 이른다고 하니 이래서는 경기장에 직접 찾아가 관전하는 행위 자체가 상당 부분 의미를 잃어버린다. 부산아시아드주경기장이 만들어지기 전까지 홈구장으로 사용했던 구덕운동장을 축구전용구장으로 리모델링한다는 소식도 간간히 들려오나 확정된 것은 없다.

찬란한 유산의 축구 클럽, 부산 아이파크

1984·1987·1991·1997 4시즌이나 K리그 최정상의 자리에 섰던

팀이 바로 부산이다. 물론 과거의 우승은 모두 부산 대우 로얄즈 시절에 이룬 영광이니 부산 아이파크와는 무관하다고 깎아내릴 수도 있겠으나, 공식적으로 부산의 K리그 역사는 1983년부터 쭉 이어져 내려오는 것으로 본다. 모기업이 달라지기는 했어도 축구단의 생명은 끊어지지 않고 부산에서 계속되어 왔기에 딱히 트집을 잡을 것도 없다. 프로야구의 기아가 해태의 역사를, 한화가 빙그레의 역사를 단절 없이 넘겨받은 것과 같다.

부산의 역사는 1979년에 창단한 실업 축구팀 새한자동차 축구단에서 시작되었다. 이후 대우 축구단으로 이름이 바뀌었으며 1983년부터는 프로 구단으로 전환해 한국 축구 역사상 세 번째 프로팀이 되었다. 대우 축구단은 대우 로얄즈로 그리고 부산 대우 로얄즈로 명칭이 달라졌다. 2000년대 들어 모기업이 현대산업개발로 바뀌며 팀 이름은 부산 아이콘스에서 현재의 부산 아이파크로 달라졌다. 구단을 운영하는 주체도 바뀌었고, 팀의 이름도 크고 작은 변화를 맞았지만 부산을 토대로 하는 클럽의 뿌리만큼은 흔들리지 않고 굳건히 이어져왔다.

그런데 길고 긴 역사를 지켜온 이 팀이, 무려 네 번이나 리그 우승을 차지했던 명문 구단이 창단 36년 만에 2부 리그 K리그 챌린지로 강등되는 사건이 2015시즌 벌어졌다. 부산의 강등은 축구 팬들이 받아들이기 쉽지 않은 충격적인 사건이었다. 부산이 어떤 팀인가? 1986년에는 아시아 챔피언이 되어 아프리카 최강팀까지 꺾었으며, 1997년에는 리그 우승은 물론 2개의 리그컵(아디다스컵, 프로스펙스컵)도 모두 거머쥐며 시즌 전관왕을 차지하기도 했던 찬란한 유산을 지닌 클럽이다.

더욱이 대한축구협회의 정몽규 회장이 구단주로 있으며, K리그 승강제 시행 이후 최초로 강등의 아픔을 맛본 기업 구단이라는 점에서 그 충격은 더욱 컸다. 이전 시즌에 강등을 경험한 팀들은 군인팀인 상주, 강원·경남·광주·대구·대전 등 지자체 기반의 도민·시민 구단이었기에 부산과는 상황이 달랐다. 그들은 어려운 재정 속에서 경쟁하는 것이 숙명인 스몰마켓 팀이지만, 부산은 대기업 소유 구단이며 부산이라는 큰 도시를 백그라운드로 가진 팀이기 때문이다. 물론 뚜껑을 열어보면 부산

역시 기업 구단 중에서는 주머니가 큰 편은 아니지만, 그렇다고 앞서 언급한 구단들만큼 어려움을 겪는 것은 아니다.

개인적으로는 부산 아이파크의 강등이 한국 프로 축구의 투명성을 확인하는 계기가 되지 않았나 하는 농 섞인 생각도 해보았다. 사실 수원FC와 부산 아이파크의 승격 플레이오프 대전이 확정되었을 때 아무래도 대한축구협회 정몽규 회장이 구단주로 있는 부산에 조금이라도 유리한 판정이 주어지지 않을까 우려했는데, 말도 안 되는 걱정이었다는 것이 결과로 나타났다. 게다가 정몽규 구단주가 부산 아이파크 홈페이지에 직접 강등에 대한 사과문을 올리고 팬들에게 변함없는 투자와 지원을 약속한 것 역시 좋아 보였다.

부산이 언제까지나 K리그 챌린지에 머물러 있을 거라고 생각하는 축구 팬은 단 1명도 없을 것이다. 부산은 곧 1부 리그로 돌아올 것이다. 물론 팬들 마음이야 편할 리 없겠지만, K리그의 명문 구단으로 갖고 있는 장구한 역사에 흥미로운 스토리라인 하나 더 얹는 것이라고 긍정적으로 생각하는 게 어떨까 싶다.

30년이 훌쩍 넘는 오랜 역사를 가진 팀답게 부산을 이끌었던 감독(혹은 감독 대행)들은 무려 20명이 넘는다. 국제적인 항구 도시이기 때문일까? 엥겔 · 베르탈란 · 세쿨라라츠 · 포터필드 · 에글리 등 5명의 외국인 감독이 부산을 지도한 바 있다는 것도 꽤나 이색적이다. 세 차레에 걸쳐 8년 가까이 감독직을 수행하며 1987년과 1997년 부산을 리그 챔피언에 올려놓은 이차만 감독이 가장 대표적인 지도자였으며, 조광 래·김호곤·황선홍 등의 거물 감독들도 부산에 몸담았다. 2007년 여름 부산의 신임 감독으로 선임되었으나 한 경기도 치르지 않고 2주 만에 올림픽 대표팀으로 이직한 박성화 감독은 아이러니한 사연으로 부산 역사 에 이름을 남겼다.

1990년대 후반 부산이 홈구장으로 썼던 구덕운동장은 자주 매진 사례 를 기록하며 프로 축구의 메카로 불렸다. 좌석 수는 1만 2,000여 개에 불 과했지만 최대 수용 인원은 3만 명에 달했는데, 경기 때마다 발 디딜 틈 없이 경기장이 가득 메워진 적이 많다. 당시 부산은 성적도 좋았고, 경기 력도 훌륭했다. 게다가 팬들을 열광케 하는 스타 플레이어들이 정말 많았 다. 1990년대만 하더라도 축구장은 남자들의 전유물 같은 공간이었는데, 부산 구덕에는 여성 팬들도 꽤 많았다. 다양한 매력의 선수들이 부산 스 쿼드 곳곳에 포진해 있었기 때문이다.

'테리우스' 안정환, '바람의 아들' 마니치, '우승 청부사' 샤샤, 도쿄대 첩의 주인공 이민성, 장신 공격수 우성용, 크로아티아 대표 출신 미드필 더 뚜레 등이 대표적인 인기 선수였으며, 더 윗세대로는 '왼발의 달인' 하 석주, '총알탄 사나이' 정재권, '터미네이터' 신범철, 아미르, 일리치 등 다수의 동유럽 선수들이 인상적이었다. 그보다 앞선 1980년대에는 이태 호, 정해원, 정용환, 변병주, 박창선, 김풍주, 장외룡, 김판근, 김주성 등 전 현직 국가대표들이 즐비해 지금의 상황과는 달라도 많이 달랐다.

　전국구 스타 플레이어의 계보는 팀 성적이 바닥을 친 2000년대 중후반부터 끊겼다고 볼 수 있으며 콜롬비안 테크니션 하리, 북한의 국가대표 미드필더 안영학, 베테랑 노정윤, 잉글랜드 공격수 쿠키, 시드니 올림픽팀 트리오 송종국, 심재원, 김용대 등이 짧게나마 임팩트 있는 활약을 보여줬다. 2010년대 들어 부산에서 이름을 날린 선수들은 한상운·박종우·김창수·이범영·임상협·한지호·주세종이 있는데 안타깝게도 이들 중 부산과의 인연이 지금까지 이어지고 있는 이들은 '군인' 임상협과 '의무경찰' 한지호밖에 없다.

부산아시아드주경기장

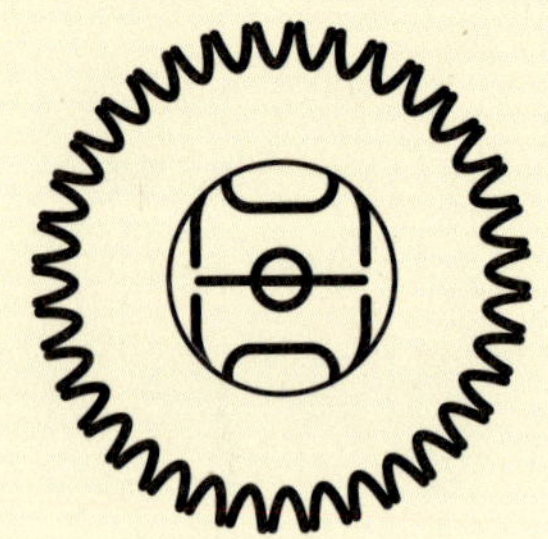

별칭 없음
위치 부산광역시 연제구 월드컵대로 344 (거제동)
교통 부산 지하철 3호선 종합운동장역에서 도보로 15분
부산종합버스터미널에서 버스로 60분
수용 인원 약 5만 3,800명
개장 2001년 9월

한국 국가대표 축구팀이 역사적인 월드컵 첫 승을 거둔 경기장. 부산 아이파크가 2002시즌부터 홈경기를 갖고 있다. 좌석 수 약 5만 4,000석에, 최대 8만 명까지 입장할 수 있는 대형 종합운동장이나, 그 거대한 규모 탓에 최적의 시야를 제공하지는 못한다. 부산 아이파크 측에서는 더 나은 관전 환경을 위해 2008시즌부터 국내 최초로 가변좌석(7,500석)을 설치해 운영하고 있다.

TICKET

좌석	일반석	원정석
성인	10,000	
청소년	6,000	10,000
어린이	7,000	

2015시즌 기준/단위(원)

TRAVEL

부산어린이대공원

부산아시아드주경기장에서 약 2킬로미터 떨어져 있다. 걸어가든 버스를 타든 시간은 비슷하게 걸린다. 백양산 기슭에 있어서 자연을 벗 삼아 산책하기에 좋다.

LOCATION 부산광역시 부산진구 새싹로 295
TIME 10:00~22:00

동래읍성 임진왜란 역사관

이곳은 부산 지하철 4호선 수안역 공사 당시 발견된 임진왜란 관련 유물을 전시해놓은 곳으로, 실제로 유물이 출토된 장소에 만들어진 역사 전시관이다. 역사관은 크게 4개의 구역으로 나뉘어 있으며 임진왜란 당시의 동래읍성 미니어처, 무기 등 출토 유물의 복원품, 임진왜란 관련 그림 자료 등을 볼 수 있다.

LOCATION 부산광역시 동래구 동래역사관길 18
TIME 10:00~20:00

동래읍성지

수안역에서 외부 출구로 나와 북쪽으로 2킬로미터쯤 걸으면 동래읍성에 닿는다. 이곳은 임진왜란 당시 왜적과 치열한 싸움이 벌어졌던 최초의 격전지로 "싸우려거든 싸우고, 그렇지 않으려면 길을 빌려 달라"고 말한 왜군 적장의 말에 "싸워서 죽는 것은 쉬우나, 길을 빌려주는 것은 어렵다"라고 답한 동래부사 송상현의 기개가 서린 곳이다. 동래읍성은 임진왜란 때 왜군에 함락된 후 방치되다시피 하던 것을 1731년 동래부사 정언섭이 추슬러 과거보다 더 크고 길고 높게 다시 쌓았으나 그 역시 일제강점기에 거의 모두 소실되었다고 한다.

LOCATION 부산광역시 동래구 칠산동 일대

복천박물관, 장영실과학동산

동래읍성 옆에는 사적 복천동고분군에서 발굴된 무덤과 그 안에서 출토된 토기·철기·무기·갑옷·장신구 등의 유물을 통해 고대 가야의 문화를 엿볼 수 있는 복천박물관이 있다. 또한 부산 동래 출신의 과학자로 조선 세종 때 큰 공을

세웠던 장영실의 발명품을 재현해놓은
장영실과학동산도 옆에 있어 함께 돌아
보면 좋다. 장영실과학동산에는 측우기,
해시계, 혼천의 등 그의 대표적 발명품을
포함해 조선시대의 천문 기기 19점이 전
시되어 있다.

LOCATION 부산광역시 동래구 복천로 63
TIME 9:00~18:00

 **FOOD**

삐삐식당

복고 콘셉트의 퓨전 식당이다. 쭈꾸미파삼겹, 피자해물파전, 추억의 도시락이 유
명하다. 주문 벨 대신 삐삐의 요술봉을 눌러서 직원을 호출하는 것도 재밋거리다.

LOCATION 부산광역시 동래구 명륜로129번다길 12-1
TIME 17:00~02:00
PRICE ・ 피자해물파전 15,000원
      ・ 추억의 도시락 3,000원

K리그 최고의 메가스토어가 있는 창원축구센터

경남FC의 홈구장은 창원에 있는 창원축구센터다. 더 정확히 말하면 창원축구센터에는 5면의 축구장과 1면의 풋살구장, 작은 규모의 하프돔이 마련되어 있는데, 그중 주경기장이 경남FC의 홈구장으로 쓰인다. 2005년 12월, K리그 최초의 도민 구단으로 창단한 경남FC는 2006시즌부터 2009시즌까지는 창원종합운동장을 홈구장으로 썼지만, 2010시즌부터는 축구전용구장인 창원축구센터 주경기장으로 집을 옮겼다.

창원축구센터 주경기장은 약 1만 5,100명의 관중을 수용할 수 있는 작은 규모의 축구전용구장으로 1만 3,500명 정도의 수용 인원을 가진 전남 드래곤즈의 광양축구전용구장과 더불어 K리그의 축구전용경기장들 중 가장 아담한 곳으로 꼽힌다. 110만 명에 가까운 창원시의 인구와 경남FC

가 창원시를 포함한 경상남도 전역을 연고지로 삼고 있는 것을 감안하면 수용 인원이 다소 적다고 생각할 수 있지만, 향후 증축이 가능한 구조라서 걱정할 것은 없다. 현재도 1만 명 이상의 관중이 경기장을 찾는 것은 극히 드문 일이므로 괜한 걱정은 더 내실을 다진 후에 천천히 해도 늦지 않을 것이다.

경기장이 있는 성산구 사파정동은 그다지 번화한 지역은 아니다. 전원주택과 대단위 아파트 단지가 조성되어 있는 주택가 밀집 지역이다. 따라서 즐길 거리나 상업 시설이 많지는 않지만, 접근성은 나쁘지 않다. 마산합포구의 서쪽과는 꽤 머나 상대적으로 진해와는 그리 멀지 않고, 인근 도시인 김해시와 밀양시의 축구 팬들도 어느 정도 수용 가능한 위치에 있기 때문이다. 창원역이나 창원종합버스터미널에서는 버스로 30~40분 거리다.

아직까지 널리 알려진 별칭은 아니지만, 경상남도를 상징하는 꽃인 장미를 따서 로즈 스타디움이라고 부르는 축구 팬들이 있다. 하지만 경기장 어디에서도 장미와 연관 지을 법한 이미지는 눈에 띄지 않는다. 경기장 부근에 장미를 좀 심든 관중석 스탠드에 장미를 그려놓든 로즈 스타디움이라는 이름에 걸맞은 특색이 있었으면 하는 바람이다. 그라운드와 관중석이 매우 가까워 축구에 집중하기에는 더할 나위 없이 좋은 구장이지만, 경기장 외관에서 멋스러움이 느껴지지 않아 아쉽다.

창원축구센터에도 내세울 만한 멋진 공간이 하나 있다. 바로 경기장 내부에 있는 경남FC의 메가스토어다. 경남의 팬숍은 K리그 최고 수준의 팬숍이다. 경남은 초창기 몇 년을 제외하면 해마다 멋스러운 유니폼을 내놓

앞는데, 세련된 유니폼을 입는 팀답게 구단 상품을 판매하는 메가스토어역시 잘 갖추어놓았다. 수도권 팀들이나 대기업 구단들도 직접 와서 보고배웠으면 좋겠다는 생각이 들 정도다. 창원축구센터를 찾는 축구 팬들은경남FC의 팬숍을 지나치기 않길 바란다.

최초의 도민 구단 경남FC

경남FC도 이제 창단 10년이 넘었다. 그러나 2006시즌부터 10년간 K리그에서 경쟁하며 만족스러운 성적표를 받아든 일은 드물었다. 리그 2

년차인 2007년 박항서 감독의 지휘 아래 4위에 오르며 축구 팬들을 놀라게 했고, 후임 조광래 감독 시절에도 6~8위권을 유지하며 가능성을 보여 줬지만, 최종 라운드가 지난 후에도 늘 그 순위에 머물러 있었다.

하지만 FA컵에서는 두 차례나 결승에 올랐을 정도로 토너먼트에 강한 모습을 보여주었다. 2008년의 성과는 어느 정도 대진운이 따랐다고 볼 수도 있지만, 2012년은 8강전에서 수원 삼성을, 4강전에서 울산 현대를 꺾으며 결승에 오른 것이라 경남FC가 자력으로 일궈낸 결과였다. 하지만 두 번의 결승 모두 포항 스틸러스에 패하며 우승을 내주었다. 경남 팬들은 언젠가 포항에 복수하면서 FA컵을 들어올리는 날이 오기를 학수고대할 것이다.

경남FC의 역대 감독들은 경상남도 출신인 경우가 많았다. 거스 히딩크를 보좌했던 박항서, 최진한 감독이 그랬고, 신진급 선수들을 주력 멤버로 활용하며 경남 감독 중 최다승을 거둔 조광래 감독도 경남 출신이었다. 2014시즌 채 1년을 채우지 못한 이차만 감독도 그랬다. 경남 지역의 축구 스타인 동시에 가장 뚜렷한 족적을 남긴 감독은 경남FC에 '조광래 유치원'이라는 닉네임이 붙게 한 조광래 감독일 것이다.

조광래 감독은 부임 첫해인 2008년 FA컵 준우승을 차지했으며, 리그에서 꾸준한 경기력을 보이며 8위로 시즌을 마감했다. 경남은 전남, 부산, 제주 등 역사와 규모에서 우월한 배경을 가진 팀들을 내려다볼 수 있었다. 2009년, 2010년에도 선전은 계속되었다. 이용래, 서상민, 김동찬 등 20대 초반의 어린 선수들이 활약하며 리그 내에서 이름을 알렸으며,

축구 팬들은 젊은 팀 경남에 '조광래 유치원'이라는 애정 어린 별칭을 붙여주었다. 유망주들을 키워내면서 당면한 성적까지 놓치지 않았던 그를 아스널의 아르센 벵거 감독에 빗대는 팬들도 늘어났다.

하지만 2010년 7월, 허정무 감독의 후임으로 조광래 감독이 국가대표팀 감독으로 선임되면서 조광래 감독과 경남FC의 연은 끝이 난다. 시즌이 한참 진행 중이던 7월의 일이라 조광래 감독은 시즌이 종료될 때까지는 국가대표팀과 경남FC 감독직을 겸임하고 싶다는 의사를 밝혔으나, 현실적인 난관에 부딪혀 경남FC 감독을 사임했다. 하지만 그의 대표팀 재임 기간은 1년 5개월을 넘기지 못했으며, 월드컵 2차 예선 도중 경질 당하는 등 결과가 좋지 않았다. 경남FC 역시 그가 팀을 떠난 후 부침이 계속되었다. 최진한 감독을 제외하면 1년 이상 팀을 이끈 지도자가 나오지 않을 정도로 불운이 이어졌다.

재정적으로 튼튼하지 않은 도민 구단의 여건상 경남FC는 좋은 선수들을 오래 지키지 못하고 다른 팀으로 떠나보내야 하는 일이 많았다. 10년이 넘는 역사가 쌓였으나 딱히 레전드로 꼽을 만한 이름을 떠올리기 어려운 것도 넉넉하지 않은 구단의 살림살이에서 그 원인을 찾을 수 있을 것이다. 창단 멤버부터 현재 스쿼드를 이루고 있는 선수의 면면을 살펴보아도 2~3시즌을 넘기지 못하고 팀을 옮긴 이들이 대부분이다.

경남FC 원년 멤버의 주장이었던 김도근, 초창기 3시즌 동안 공격수로 활약한 김진용, 4년간 활약하며 통산 500경기, 600경기 출전 기록을 달성한 김병지, 경남에서의 활약을 바탕으로 더 큰 규모의 팀으로 이적한

이용래·김동찬·서상민·윤빛가람·윤일록·이재명도 대개 2~3년만 경남FC의 붉은 유니폼을 입었다. 외국인 선수로는 2007시즌 18골로 득점왕에 오른 뒤 일본으로 떠난 까보레와 4년간 센터백으로 활약한 호주 대표팀 출신의 루크가 대표적이다. 스토야노비치, 보산치치, 스레텐 등 세르비아 선수들과 루시오, 까이끼, 뽀뽀, 인디오 등의 브라질 선수들도 1~2년 남짓 활약했다.

경상권

창원축구센터

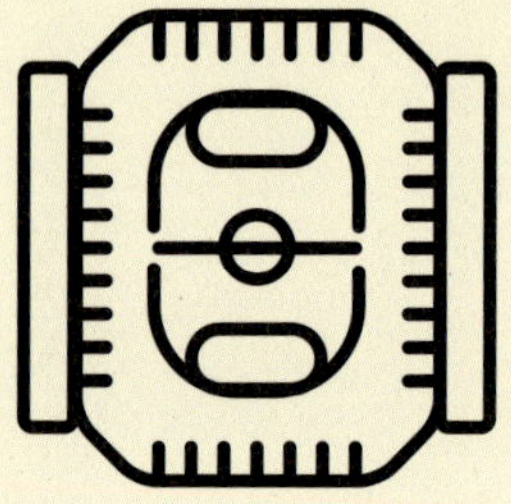

별칭 로즈 스타디움
위치 경상남도 창원시 성산구 비음로 97 (사파정동)
교통 창원종합버스터미널에서 버스로 30분
　　　KTX 창원역에서 버스로 50분
수용 인원 약 1만 5,100명
개장 2009년 12월

창원축구센터는 목포, 천안과 함께 월드컵 잉여금 지원으로 건립된 종합 축구 시설이다. 1개의 주경기장, 4개의 보조경기장, 풋살경기장, 하프돔구장으로 이루어져 있고, 그중 주경기장이 2010년부터 경남FC의 홈구장으로 사용되고 있다. 특색 있는 외형은 아니지만, 작고 아담한 경기장 내외부의 모습이 유럽 중소도시의 축구전용구장을 연상시킨다. 또한 K리그팀 중 가장 훌륭한 팬숍을 갖고 있어 유럽 축구장의 그것들처럼 '메가스토어'라고 부르는 데 모자람이 없다.

TICKET

좌석	W석	일반석
성인	10,000	7,000
청소년	6,000	4,000
어린이	3,000	2,000

2015시즌 기준/단위(원)

창원과학체험관, 창원스포츠파크

창원과학체험관 바로 옆에 있는 창원스포츠파크를 산책하듯 둘러보는 것으로 창원 시내 여행을 시작하자. 창원과학체험관은 상당히 큰 규모의 전시관으로 기초과학, 생명과학, 기계 소재, 환경 및 에너지, 우주 항공, 정보 통신 등 다양한 분야로 나뉘어 있으며, 전시품의 90퍼센트 이상 실제 체험할 수 있다.

LOCATION 경상남도 창원시 의창구 원이대로 450

창원의집

창원스포츠파크에서 버스로 20분 거리에 있다. 이곳은 19세기 말에 지어진 순흥 안 씨 집안의 전통 가옥이었으나, 공업화와 도시화로 한옥이 사라져가는 것을 막기 위해 시에서 사들여 1985년 보수해 개장했다. 안채, 사랑채 등 당시 가옥과 신축한 정자, 팔각정 등의 건물로 이루어져 있고, 각 건물 안에는 밀랍인형으로 과거의 모습을 재연해놓았다. 전통혼례식장으로도 이용한다.

LOCATION 경상남도 창원시 의창구 사림로16번길 59
TIME 9:00~18:00

창원역사민속관

창원의집 바로 옆에는 창원역사민속관이 자리하고 있다. 지하 1층에는 기획 전
시실과 입체 영상관, 야외전시실이 있으며, 1층에는 역사관과 현대관이 있다.

LOCATION 경상남도 창원시 의창구 창이대로397번길
TIME 9:00~17:30

장미공원

창원의 대표적 테마공원이다. 50종이 넘는
세계 각국의 장미가 1만 송이 이상 심어져
있다. 장미터널, 장미탑, 장미담장과 공원
중앙의 분수대에서 사진을 찍어보자.

LOCATION 경상남도 창원시 성산구 가음동 31
TIME 9:00~20:00

미술관옆단팥죽 

창원대삼거리 방향으로 이동하면 카페 같은 느낌의
죽집 '미술관옆단팥죽'이 있다. 과거 미술관 인근에
있다 주택가로 옮겨왔으나 상호는 아직 그대로 '미술
관옆'이다. 토요일에는 쉰다.

LOCATION 경상남도 창원시 의창구 외동반림로 31-18
TIME 11:00~19:00
PRICE • 단팥죽 6,000원 • 팥빙수 6,000원

가야밀면 밀돈돈까스

밀면과 돈가스를 섞은 '밀돈'이라는 창원의 퓨전요리
를 내놓는 곳이다. 경남 지역을 대표하는 국수 요리인
밀면과 돈가스의 조합이 궁금한 사람이라면, 놓치지
말고 먹어보자.

LOCATION 경상남도 창원시 성산구 동산로73번길 6
TIME 11:00~21:00
PRICE • 밀면 5,000원 • 돈가스 6,500원 • 밀돈 7,500원

SEOGWIPO

서귀포
SEOGWIPO

세계에 자랑하고픈 스타디움

아마 열혈 서포터스를 제외하고는 오로지 축구 하나만을 보기 위해 제주도를 찾는 사람은 거의 없을 것이다. 하지만 아무리 열성적인 축구 마니아라고 한들 바다 건너 제주도까지 와서 정말 축구 한 게임만 보고 집으로 돌아가지는 않을 거다. 볼거리, 즐길 거리가 넘쳐나는 곳인 만큼 제주도에서 보는 축구 역시 특별한 경험이 될 것이라 생각해서 제주를 찾았다.

제주도에 제주 유나이티드FC가 생긴 것은 그리 오래전 일이 아니나, 팀의 원류를 찾아 거슬러 올라가면 꽤나 긴 역사가 있음을 알 수 있다. 꽤 긴 정도가 아니라 현존하는 K리그 23개 구단 중에서 가장 오래된 팀이 오늘날 제주 유나이티드라는 이름으로 축구 팬을 만나고 있는 것이다. 1982년 12월 유공 코끼리라는 이름으로 창단한 이 구단은 할렐루야 축구단에 이어 두 번째로 창단한 프로팀이며, 한국 프로 축구의 원년인 1983년부터 지금까지 단절 없이 생명력을 유지하고 있다.

물론 자의에 의해(때로는 어느 정도 타의에 의해) 팀의 이름이 바뀌기도 했고, 연고지를 이전하면서 많은 축구 팬들에게 상처를 남기기도 했으나, 해체 없이 35년 가까이 역사가 지속되어온 것만은 확실하다. 직접적으로 큰 아픔을 겪은 과거 부천 SK 서포터스와 부천 시민들, 부천의 축구 팬들이 갖고 있는 감정은 제주 유나이티드 구단과 한국프로축구연맹이 너그러이 이해해야 할 부분이라고 생각한다.

현재 부천FC 1995의 팬들이 제주 유나이티드 팬들에게 악감정을 갖지는 않겠지만, '내가 싫어하는 팀을 응원하는 사람', '나에게 상처를 준 구단을 지지하는 이들'이라는 생각이 들면 일부 적개심이 드러날 수도 있을 것이다. 제주 팬들에게는 다소 억울한 부분일 수 있으나 과거에서 비롯된 일종의 감정싸움도 축구사의 재미있는 이야깃거리로 변용될 수 있다는 점을 긍정적인 시선으로 받아들였으면 좋겠다.

사랑하는 사람의 과거를 문제 삼아서 좋을 게 뭐 있겠냐마는, 프로스포츠의 역사에서는 옛 흔적을 들춰보는 것도 나름의 재미가 있으니 제주 유나이티드의 전신에 대한 이야기는 잠시 후 다시 이어가기로 하자. 일단은 제주도에 왔으니 서귀포에 있는 제주월드컵경기장부터 둘러보자. 도대체 이 경기장의 어떤 매력이 부천SK의 빨간색을 제주 유나이티드의 주황색으로 물들게 했는지 궁금하지 않은가?

서귀포시외버스터미널 바로 옆에 있는 서귀포월드컵경기장은 2001년

10.4(일) 14시 제주vs전북
ZIC SK 하이닉스 NH농협은행 제주조릿대차
BMW 도이치 모터스
KIKA KIKA SK 하이닉스
Hyundai Oilbank K LEAGUE CLASSIC
Hyundai Oilbank
emart
여행80호

지어진 경기장이다. 짧다면 짧고 길다면 긴 15년의 역사에서 몇 번의 크고 작은 변화가 있었다. 월드컵 당시에는 4만 2,000명의 관중을 수용할 수 있었으나, 월드컵 직후 좌석을 3만 5,700여 개로 조정했고, 2013년에 다시 한 번 관람 편의 증진을 위해 좌석 수를 줄였다. 그리하여 현재의 수용 인원은 약 2만 9,800명. 이는 2002 한일 월드컵 때 지어진 경기장 중에서 가장 작은 규모다. 하지만 제주도의 인구(특히 서귀포시의 인구)를 고려하면 매우 적절한 수다.

제주도의 강한 바람이 경기에 주는 영향을 최소화하기 위해 그라운드가 지하 깊숙한 곳(약 15미터)으로 들어갔다는 점이 이 경기장의 가장 큰 특징이다. 돌하르방이 길게 늘어서서 축구 팬들을 맞는 경기장 외부의 진입 광장이 지상 1층에 해당하고, 관중석은 땅 아래로 들어가 있다. 관중석 한가운데에 있는 그라운드 역시 지하에 있다. 이러한 건축 방식으로 외부 마감재를 줄여서 건축비를 대폭 절감했고, 2002 한일 월드컵 때 신축된 10개 경기장 중 최소 비용으로 공사를 마무리 지을 수 있었다.

제주 유나이티드 팬들은 이곳을 윈드포스라는 이름으로 부르고 있지만, 사실 이 별칭을 알고 있는 축구 팬은 흔치 않다. 아마도 제주도의 거센 바람처럼 '포스' 넘치는 축구를 보여주겠다는 뜻을 담고 있는 것 같은데, 딱히 경기장의 외형적인 특징을 살려 만든 별칭도 아니고, 축구장을 연상케 하는 이름도 아니어서 입에 잘 붙지 않는다. 단적인 예로 SNS 인스타그램에서 '윈드포스'를 검색어로 찾아봐도 뜨는 사진이 많지 않다. 수원 빅버드나 포항 스틸야드처럼 공감대가 형성되는 닉네임이 아니라는 말이다.

구단이나 서포터스 차원에서 다른 이름을 하나 마련했으면 좋겠다. 제주를 상징하는 단어들과 조합해 ‘올레 필드’, ‘오름 아레나’, ‘하르방 스타디움’ 같은 이름을 붙여도 괜찮겠다. 팀의 상징색이기도 한 한라봉 감귤의 주황색을 살려보는 건 어떨까? ‘탄제린tangerine’과 ‘위험한dangerous’을 합친 탄제러스 풋볼 필드tangerous football field 같은 귀여운 이름도 좋겠다. 제주도의 특성을 조금이라도 구장 이름에 반영했으면 좋겠다는 생각이 드는 것은 경기장의 전체적인 디자인이나 곳곳의 디테일에 제주의 특성이 너무나 잘 살아 있기 때문이다.

경기장 지붕은 제주의 전통적 고기잡이 배인 ‘테우’의 그물 모양으로 설계되었다. 경기장의 기본적인 구조는 제주의 기생화산인 오름의 분화구에서 모티브를 얻은 것이다. 그라운드가 지하로 들어간 특이한 형태는 움푹 팬 분화구와 닮았다. 또한 경기장의 북쪽 스탠드에서는 한라산을, 남쪽 스탠드에서는 서귀포 앞바다를 볼 수 있다. 정말 세계에 ‘우리나라에는 이런 축구장도 있다!’ 하고 자랑하고픈 아름다운 스타디움이다.

제주 최초의 프로스포츠팀, 제주 유나이티드FC

제주 유나이티드의 전신은 유공 코끼리(1982년 12월~1995년 12월), 부천 유공(1996년 1월~1997년 9월), 부천SK(1997년 10월~2006년 1월) 축구단이었다. 유공 코끼리 시절에는 서울, 경기, 인천 등을 광역 연고지로 삼았고, 부천 유공 시절과 부천SK 초기에는 연고지는 부천에 두면서 홈경기는 서

울의 목동종합운동장에서 가졌다. 2001년 부천종합운동장이 완공되면
서 부천SK는 진정한 부천 연고 축구팀으로 거듭났지만, 이 경기장에서는
5시즌만 치르고 2006년 2월 제주도로 연고지를 이전했다.

부천SK 축구단의 모기업 SK에너지는 더 나은 팬덤과 인프라를 찾아
부천이 아닌 제주도로 떠났다. 물론 클럽하우스 지원 문제로 부천시와 SK
구단 사이에 의견 충돌이 있었다는 점을 감안해야 하고, 제주도 최초의
프로스포츠팀이 되어 새로운 프로 축구의 역사를 써나가겠다는 다짐이

있었지만, 5년간 부천종합운동장에서 홈경기를 가진 팀, 10년간 부천이라는 이름을 걸고 싸웠던 팀을 응원했던 이들에게는 더없이 무책임한 처사였다.

당시 K리그의 흥행과 열기를 봤을 때는 부천SK의 관중 동원 능력이나 부천종합운동장의 분위기 모두 상당한 수준이었고, 인구나 경기장 수용 인원 등에서도 부천시가 제주도에 밑도는 여건은 아니었다. 그저 한국 프로 축구에서 팀이라는 것은 기업의 소유물일 뿐이고, 그 기업이 더 시장성이 있는 곳을 새 연고지로 점찍었다면 팬들은 배신감 가득한 눈물로 보내줄 수밖에 없는 게 현실이다. SK는 다각적인 분석을 통해 부천시보다는 제주도가 수익성 있는 연고지가 될 수 있다고 판단했을 것이다.

그 결과 2006년부터 제주 유나이티드FC의 역사가 시작되었다. 제주 구단과 한국프로축구연맹은 유공 코끼리, 부천 유공, 부천SK, 제주 유나이티드를 한 뿌리의 팀으로 공식적으로 인정하고 있다. 따라서 과거의 성적과 기록, 팀을 이루었던 선수와 코칭스태프의 면면 역시 제주가 보유한 것으로 본다.

35년 제주 유나이티드의 역사(정확히는 SK 축구단의 역사) 속에서 거둔 가장 눈부신 성적은 1989년 김정남 감독 지도 아래 K리그 정상에 오른 것이다. 훗날 SK의 감독이 되는 조윤환, 최윤겸, 하재훈 등의 선수가 당시 팀을 우승으로 이끈 멤버였다. 리그 준우승은 4회나 달성했다. 리그컵에서는 3차례의 우승 기록을 가지고 있으나, FA컵에서는 아직까지 단 한 번도 우승을 차지하지 못했다. 2004년 부천 SK 시절 차지한 준우승이 지

금까지의 최고 성적이다.

현존하는 K리그팀 중에서 가장 오랜 역사를 가지고 있음에도 많은 트로피를 들어올리지는 못했고, 이런저런 부침이 많았기에 자칭이든 타칭이든 '명문'이나 '강호' 같은 수식어를 쓰기는 어렵다. 가장 최근에 거둔 호성적은 박경훈 감독 부임 첫해였던 2010시즌에 거둔 2위이며, 그전 4년 간은 13위→11위→10위→14위의 성적을 거두었다. K리그 역사상 직전 시즌 14위에서 다음 시즌 2위로 무려 12계단의 성적을 점프시킨 것은 유

레가 없는 파격적인 발전으로 2010년은 제주의 가능성과 역량을 보여준 한 해이기도 했다.

긴 역사를 가진 구단인 만큼 팀을 거쳐 간 선수들도 무척 많다. 유공 코끼리 시절에 K리그 신인왕을 차지하는 등 8년 가까이 공격형 미드필더로 활약한 황보관, MVP를 수상했으며 원클럽맨으로 활약한 노수진과 최윤겸과 하재훈이 활약했다. 부천 시절의 선수들은 아직도 축구 팬들 사이에서 많이 회자되는데, 이임생·강철·조성환·남기일·이용발·이을

제주권

용·윤정환·윤정춘·이원식·조셉·세르게이·샤리·다보가 인상적이었다.

제주 유나이티드에서는 한동진·이동식·구자철·홍정호·마다스치·드로겟이 이름을 남겼다. 향후 레전드가 될 만한 선수로는 영리한 미드필더 송진형과 대형 수비수 오반석이 있다. 두 선수는 실력은 물론이고 외모도 무척 뛰어나다. 2016시즌을 앞두고 플레이메이커 윤빛가람이 중국의 옌볜FC로, 2015년 맹활약한 브라질 특급 로페즈가 전북으로 이적한 것은 아쉬운 대목이다.

지도자 중에서는 유일하게 우승을 안겼으며, 7년 동안 팀을 이끈 유공의 김정남 감독, 1990년대 중반 한국 프로 축구에 일대 혁명을 가져왔던 부천의 발레리 니폼니시 감독, 팀의 제주 시대를 꽃피운 박경훈 감독을 기억해야 한다. 특히 박경훈 감독은 팬과의 소통을 소홀히 하지 않았고, 두텁지 않은 스쿼드로도 재미있는 축구를 보여주며 준수한 성적을 올릴 수 있다는 것을 보여준 지도자였다. 개인적으로는 언젠가 박경훈 감독이 빅클럽을 이끄는 모습을 보고 싶다.

제주월드컵경기장

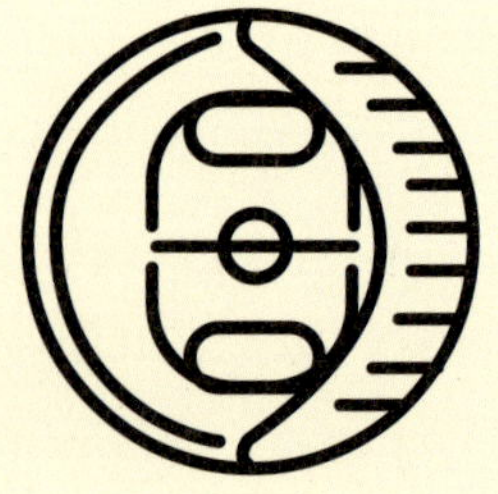

별칭 윈드포스
위치 제주특별자치도 서귀포시 월드컵로 31 (법환동)
교통 제주시외버스터미널에서 버스로 50분
　　　서귀포시외버스터미널에서 도보로 3분
수용 인원 약 2만 9,800명
개장 2001년 12월

멋으로는 세계 어느 경기장에도 뒤질 것이 없는 축구전용경기장. 관중 동원에 어려움을 겪고 있다는 것은 참 아쉬운 대목이다. 서귀포시의 인구가 제주도 전체 인구의 27퍼센트에 그친다는 점, 타 지역과 달리 5~8월 사이에 강우와 강풍 등의 악천후로 축구 관전에 불편이 있다는 점이 취약점이나, 제주 정착 10년째를 맞으며 제주 도민들과 더 가까워진 것은 2016시즌 제주 유나이티드FC에 기대를 걸 만한 이유다.

TICKET

좌석	일반석	특별석	커플석
성인	12,000	20,000	
청소년	6,000	10,000	30,000(1인)
어린이	4,000	6,000	

2015시즌 기준/단위(원)

TRAVEL

2002 FIFA 월드컵 홍보관

제주월드컵경기장 내부에 있는 월드컵 관련 전시 시설이다. 홍보관에는 제주월드컵경기장을 소개하는 섹션, 2002 한일 월드컵과 역대 월드컵 관련 전시물이 있는 섹션, 제주 유나이티드FC 섹션, 선수나 축구 관계자들의 기증 물품을 전시한 섹션이 있다. 유커들을 위해 중국 대표팀과 중국 대표팀 서포터스 치우미 관련 자료를 전시한 섹션이 따로 있다는 점이 특이하다.

LOCATION 제주특별자치도 서귀포시 월드컵로 31 제주월드컵경기장 내부
TIME 9:00~18:00

닥종이 인형 박물관

월드컵경기장 내부에 있는 박물관으로, 닥종이로 만든 종이 인형 300여 점과 1970~1980년대를 추억할 수 있는 다양한 소품이 전시되어 있다. 과거로 시간

여행을 떠나는 느낌이다.

LOCATION 제주특별자치도 서귀포시 월드컵로 33
제주월드컵경기장 내부
TIME 9:00~18:00
PRICE 5,000원

정방폭포

정방폭포는 폭포수가 바다로 바로 떨어지는 아
시아 유일의 해안 폭포라고 한다. 해외 유수의
폭포와 비교해도 정방폭포만이 가진 매력은 확
실하다. 압도적이지는 않으나, 아름답다.

LOCATION 제주특별자치도 서귀포시 칠십리로214번길 37
TIME 8:00~18:00
PRICE ・성인 2,000원 ・청소년 및 어린이 1,000원

이중섭문화거리(이중섭미술관, 이중섭거주지)

이중섭이 제주도에 머문 1년 동안 적을 두었던
옛 거주지와 그의 이름이 붙은 미술관을 중심
으로 이중섭문화거리가 조성되었고, 지금은 젊
은 예술인들이 이곳에서 창작 활동을 이어가고
있다. 이곳에는 특색 있는 소품 가게와 카페, 식
당이 꽤 많아 여행자들이 선호하는 제주의 핫
플레이스 중 하나다.

LOCATION 제주특별자치도 서귀포 서귀동
TIME 이중섭미술관(9:00~18:00)
PRICE 이중섭미술관 ・성인 1,000원 ・청소년 500원 ・어린이 300원

 **FOOD**

평화식당

이중섭문화거리에 있는 식당으로 성게미역국이 훌륭하다. 성게는 알코올 해독 작용이 탁월해 해장에 매우 좋다고 한다.

LOCATION 제주특별자치도 서귀포시 태평로439번길 26
TIME 7:00~21:00
PRICE • 성게미역국 10,000원 • 북어해장국 7,000원

하루쯤
축구여행

ⓒ 김다니엘, 2016

초판 1쇄 2016년 3월 28일 찍음
초판 1쇄 2016년 4월 7일 펴냄

지은이 | 김다니엘

펴낸이 | 이태준

기획 · 편집 | 박상문, 박지석, 박효주, 김환표

디자인 | 이은혜, 최진영

마케팅 | 박상철

인쇄 · 제본 | 대정인쇄공사

펴낸곳 | 북카라반

출판등록 | 제17-332호 2002년 10월 18일

주소 | (121-839) 서울시 마포구 서교동 392-4 삼양E&R빌딩 2층

전화 | 02-486-0385

팩스 | 02-474-1413

www.inmul.co.kr | cntbooks@gmail.com

ISBN 978-89-91945-97-5 13690

값 15,000원

북카라반은 도서출판 문화유람의 브랜드입니다.
이 저작물의 내용을 쓰고자 할 때는 저작자와 문화유람의 허락을 받아야 합니다.
파손된 책은 바꾸어 드립니다.

이 도서의 국립중앙도서관 출판시도서목록(CIP)은 서지정보유통지원시스템 홈페이지
(http://seoji.nl.go.kr)와 국가자료공동목록시스템(http://www.nl.go.kr/kolisnet)에서
이용하실 수 있습니다. (CIP제어번호: CIP2016007058)